청진기

• 이 책에 사용된 성경은 우리말성경에서 인용하였습니다.

청전기

청소년이 진짜 들어야 할 기독교

지은이 | 곽상학
초판 발행 | 2018. 4. 18
10쇄 발행 | 2025. 3. 12
등록번호 | 제1988-000080호
등록된 곳 | 서울특별시 용산구 서빙고로65길 38
발행처 | 사단법인 두란노서원
영업부 | 2078-3333   FAX | 080-749-3705
출판부 | 2078-3331

책값은 뒤표지에 있습니다.
ISBN 978-89-531-3118-7 03230

독자의 의견을 기다립니다.
tpress@duranno.com   www.duranno.com

두란노서원은 바울 사도가 3차 전도여행 때 에베소에서 성령 받은 제자들을 따로 세워 하나님의 말씀으로 양육
하던 장소입니다. 사도행전 19장 8-20절의 정신에 따라 첫째 목회자를 돕는 사역과 평신도를 훈련시키는 사역,
둘째 세계선교(TIM)와 문서선교(단행본·잡지) 사역, 셋째 예수문화 및 경배와 찬양 사역, 그리고 가정·상담 사역 등을
감당하고 있습니다. 1980년 12월 22일에 창립된 두란노서원은 주님 오실 때까지 이 사역들을 계속할 것입니다.

청소년이 진짜 들어야 할 진기 독교

곽상학 지음

두란노

목차

PART 3   호기심 뿜뿜   기독교의 핵심이 궁금해요

PART 4   심장이 쿵쿵   성경이 내 삶의 나침반이라고요?

　역사적으로 기독교의 위기는 언제나 다음 세대 신앙 전수의 위기였습니다. 오늘날 한국교회도 마찬가지입니다. 교회마다 청소년의 숫자가 급감하고 있다는 안타까운 소식이 들려오고 있는데 이는 곧 기독교의 위기와 직결될 것입니다. 청소년의 마음을 이해하고 그들의 언어로 복음과 기독교를 설명해 줄 수 있는 사역자가 절실히 필요한 때입니다. 곽상학 목사는 이때를 위하여 하나님이 준비하신 사역자입니다. 제가 온누리교회 소년부를 담당할 때 교사였던 저자가 어떻게 사역했는지 저는 곁에서 지켜보았습니다. 녹록지 않았던 그의 청소년기의 체험과 고난과 사역 속에는 하나님의 생생하고 분명한 부르심이 있습니다. 이러한 부르심을 통해 이 시대의 많은 청소년이 하나님 앞에 분명히 나오는 역사가 일어날 것입니다. 성경에 대한 오해를 바로잡아 주고, 기독교의 핵심 내용을 청소년의 언어로 재밌게 풀어 쓴 이 책을 통해 다음 세대가 주님 앞에 돌아오기를 간절히 소망하며 기쁨으로 추천합니다.

이재훈 목사_온누리교회 담임

성경 이야기와 우리가 살아가는 일상은 머나먼 거리감이 있습니다. 지금까지 우리는 성경 이야기를 현실과 동떨어진 판타지 소설처럼 생각해 왔습니다. 그러나 성경은 결코 상상의 세계를 그리고 있지 않습니다. 가장 사실적이면서 가장 정확한 선포입니다. 이 책이 그런 오해를 하고 있는 다음 세대에게 정말로 귀한 선물이 될 것입니다. 글 속에서 곽 목사님의 청소년을 향한 사랑 가득한 마음을 느낄 수 있어 행복했습니다. 이 책은 상처와 아픔을 녹이는 청진기가 될 것입니다. 또 내 신앙의 진단을 넘어 치유와 회복의 길로 안내할 것입니다.

강은도 목사_광교푸른교회 담임

곽상학 목사님은 오랜 시간 학교와 교회, 그리고 여러 사역 현장에서 청소년과 함께 뒹굴며 소통해 온 가슴 따뜻한 교사이자 탁월한 이야기꾼입니다. 저자의 주특기인 친근한 언어로 풀어 쓴 이 책을 흥미롭게 읽어 내려가다 보면 묵직한 삶의 통찰과 기독교의 핵심 메시지를 마주하게 됩니다. 이 땅에서 살고 있지만 하늘에 속한 믿는 청소년들에게 강력 추천합니다.

고은식 목사_브릿지임팩트 대표

《청진기》를 읽어 내려가다 보면 그동안 성경과 기독교에 대해 궁금한 것이 많았던 학생과 곽상학 목사님이 대화를 주고받는 느낌을 받습니다. 그동안 시원하게 듣지 못했던 신앙의 문제와 성경에 대한 궁금증에 대하여 저자는 너무나 위트 있고 명쾌하게, 사랑을 가득 담아 대답해 줍니다.

추천의 글

이 대화를 마칠 때쯤이면 학생의 마음엔 복음의 씨앗과 하나님의 사랑, 그리고 진리의 말씀이 힘 있게 뿌리를 내리고, 아름다운 열매를 맺으리라 소망하게 됩니다. 이 책을 청소년 사역자와 교사와 학부모, 그리고 이 책의 주인공인 청소년에게 마음을 담아 기쁨으로 추천합니다.

곽규호 목사_분당우리교회 교육부 총괄

청소년 프로그램을 진행하며 만난 곽 목사님은, 한 영혼의 과거와 미래를 모두 사랑하며 섬기는 분이었습니다. 십대의 섬세한 가슴에 어떻게 말씀의 씨앗을 든든히 심어갈지 기도하고 연구하며 그들의 고민을 풀어주셨고, 청소년에게 꼭 필요한 하나님의 말씀을 쉽고 재밌게 전해주셨습니다. 이 책은 곽 목사님의 청소년을 섬기는 다양한 현장을 통해 얻은 노하우와 경험이 집약되어 기독교에 대한 청소년의 궁금증을 시원하게 해소해 주고 있습니다. 또 어쩌면 어른들도 잘 몰랐을 부분까지 바르게 짚어주고 있습니다. 이 책을 모든 청소년과 그들을 사랑하는 분들과, 십대와 같은 싱그러운 마음을 여전히 간직한 모든 어른들에게 추천합니다.

김보령 피디_극동방송

갈수록 청소년과 청년들이 교회를 떠나고 믿는 청소년의 숫자가 줄어든다는 이야기를 듣습니다. 그러나 20년 이상 군 선교사역을 해 오면서 깨달은 것이 있습니다. 다음 세대의 희망인 청소년과 청년들에게 성경을 쉽고 효과적으로 가르치면 많은 이들이 예수님께로 돌아와 변화된다는 사실입니다. 이 책은 청소년과 동고동락하면서 그들에게 성경과 기독교의 진리를 알기 쉽게 전해 주고 싶은 한 목회자의 사랑과 열정이 담겨 있습니다. 이 책을 읽게 되면 성령의 역사 안에서 예수님을 만나는 은혜를 얻을 것입니다. 먼저는 청소년과 청년들에게 일독을 권하고 청소년을 섬기는 사역자에게도 기쁘게 추천합니다.

김성일 목사_한국군종목사 단장, 공군군종실장, 대령

평일에는 공교육 교사로, 주일에는 목사로 사역하면서 청소년들에 대한 주체할 수 없는 사랑을 쏟아붓고 있는 저자의 마음이 이 책 가득히 담겨 있습니다. 아이들의 고민에 귀 기울이며 친절히 대답해 주는 곽 목사님의 모습을 그려 보면서, 한 명의 기독 교사가 복음 안에 온전히 세워질 때 얼마나 놀라운 일이 일어날 수 있는가를 깨닫게 됩니다. 학생의 눈높이에서 쉽게 풀어낸 성경과 신앙의 이야기를 통해 이 땅의 청소년에게 복음의 씨앗이 뿌려지고 열매가 맺힐 것입니다.

김영식 대표_좋은교사운동

《청진기》는 어렵게 느껴질 수 있는 성경 이야기를 마치 한편의 영화를 관람하듯 지루하지 않고 재미있게 설명해 주며, 이미 알고 있다고 생각했던 성경의 인물에 대해서도 친숙한 역사적 사실과 배경들을 통해 쉽게 이해하도록 도와주고 있습니다. 더욱 중요한 한 가지는 그저 성경의 숨겨진 지식과 정보를 전달하는 데에 목적을 두지 않고, 삶의 적용까지 염

두에 두어 우리가 말씀대로 살아가도록 영적 나침반 역할을 하고 있다는 것입니다. 이 책을 읽는 순간 하나님이 한결 더 선명하게 보일 것이라 확신하며 강력 추천합니다.

김인식 목사_CCM 사역자, "야곱의 축복" 작곡·작사가

성경은 재미가 없고 구체적이지 않아서 어렵고 따분하다고 생각하는 사람들이 많은 것 같습니다. 오해입니다. 누명입니다. 이 책을 읽으며 많은 사람들이 성경에 대한 오해가 풀리고 누명도 벗을 수 있겠구나 하는 생각이 들었습니다. 성경은 재미있으며, 구체적이고 명확하게 삶의 방향을 제시해 주고 있습니다. 그동안 막혀 있고 답답하게 생각했던 성경의 부분들을 정확하게 진단받고, 속 시원한 처방을 받는 행복한 일들이 일어나길 기대하며 이 책을 적극 추천합니다.

김정화_탤런트 & 유은성_CCM 가수

기독교에 대한 오해가 갈수록 커지고 있는 요즈음, 이 책은 탁월한 축복의 통로입니다. 기독교와 성경과 신앙에 대한 편견을 바로잡고 선명한 대답을 제시하는 이 책을 모든 청소년, 교사, 부모, 사역자들께 기쁘게 추천합니다. 곽 목사님은 이론이나 희망 사항을 말로만 하는 마우스 파이터(Mouth-fighter)가 아니라 실제 삶에서 표현하는 라이프 워리어(Life-Warrior)입니다. 앞으로도 더욱 강력한 사역을 기대합니다.

김현철 목사_행복나눔교회 담임, 유스 코스타 강사

Z세대로 불리는 이 시대 청소년들이 어떻게 하나님의 심장 소리와 숨결을 들을 수 있을까요? 저자는 청소년에게 하나님의 소리를 들을 수 있도록 고안된 신개념 '청진기'를 소개합니다. 먼저 호기심과 궁금증을 유발하는 일상의 단어와 질문을 통해 청소년의 마음에 시그널을 보냅니다. 그리고 그들의 구미에 맞는 내러티브 형식을 사용하여 성경의 이야기와 역사적 사실들을 풀어내고 있습니다. 깊이 들여다보면 청소년에게만 국한된 책이 아닙니다. 부모와 교사에게도 유용합니다. 이 땅의 모든 청소년의 손에 '최신 청진기'를 들려주고 싶습니다. 그 청진기를 통해 그들을 향한 하나님 아버지의 뜨거운 심장 소리와 예수님의 사랑 시그널과 성령님의 평안의 숨소리가 들릴 것입니다.

노치형 목사_강동온누리교회 담당

청소년들은 성경에 나오는 이야기가 사실인지 또 성경에서 말하는 대로 주위의 믿는 사람들이 살고 있는지 궁금해 하고 질문합니다. 인간은 하나님이 아니기에 모든 신앙의 질문에 답을 줄 수는 없습니다. 그러나 그들의 질문을 들어주고 공감해줄 때 친구들은 포기하지 않고 대답을 찾아갈 용기를 얻게 됩니다. 그리고 책임 있는 그리스도의 제자로 성장하게 됩니다. 오랜 기간 교사와 목사로 친구들을 만나고 있는 곽상학 목사님이 《청진기》를 통해 친구들의 고민을 깊이 들어주고 공감하고 있습니다. 이 책을 통해 그들이 흔들리지 않는 믿음으로 한걸음씩 나아갈 것입니다.

노희태 목사_온누리교회 차세대사역본부장

추천의 글

하나님을 바로 믿기 위해서는 그 말씀을 이해해야만 합니다. 이 책은 청소년에게 지정의를 통해 하나님을 더 깊이 신뢰할 수 있도록 인도할 것이라 확신합니다. 그들의 눈높이에서 바라 본 성경 해석과 신학적 상상력을 통해 삶을 해석하게 하는 지침서이기 때문입니다. 이 책을 통해 많은 청소년들이 기독교의 진리를 깨닫기를 소망합니다.

마상욱 목사_(사)청소년불씨운동 대표

청진기를 가슴에 대 봐야 비로소 정확한 진단이 나옵니다. 그냥 짐작만 하면 오진을 하게 됩니다. 청소년들이 사회에서 이슈가 되지 않았던 적은 없습니다. 긍정적이든 부정적이든 그들은 늘 '핫 이슈'입니다. 그러나 사회에서 진단하는 청소년은 오진일 경우가 많습니다. 그들의 삶에 청진기를 대어 보지 않고 짐작으로만 진단하기 때문입니다. 교회도 마찬가지입니다. 그러나 곽상학 목사님의 《청진기》는 청소년의 가슴에 대고 그들의 소리를 직접 들은 현장 사역자가 기록한 메시지입니다. 그들이 무엇을 고민하고, 무엇을 궁금해하는지, 그리고 무엇을 알아야 하는지 정확하게 진단하고 있습니다. 그리고 청소년을 살리는 메시지를 담고 있습니다.

박동진 목사_성서유니온 차세대 사역코디네이터

단 한 사람과의 귀한 만남으로 삶이 변화됩니다. 단 한 권의 귀한 책으로도 삶이 변화됩니다. 저는 예수님과의 귀한 만남으로 제 평생을 움직이는 힘을 얻고 있습니다. 이 한 권의 책을 만난 청소년도 놀라운 변화를 경험할 것입니다. 이 시대는 무수한 선택의 다양성이 있습니다. 그런데 청소년들은 그 다양성 가운데 깊이 고민하거나 들여다보지 않고 미디어에 이끌려 결정해 버릴 때가 많습니다. 이 책이 더 이상 끌려가는 인생이 아니라 말씀을 삶의 길잡이로 삼는 인생이 되도록 좋은 가이드 역할을 할 것입니다.

박지헌_가수

청진기를 통해 보이지 않는 심장의 맥박 소리를 생생히 들을 수 있듯이, 곽상학 목사님의 글을 읽노라면 이 시대 청소년들을 향한 우리 예수님의 뜨거운 심장 소리가 강력하게 들려옵니다. 《청진기》를 통해 소개되는 성경과 신앙 이야기는 이 시대 청소년들에게 더 이상 교리에 갇힌 글자가 아니라 매일 삶의 현실에서 경험되는 활자가 되어 생생히 들려지리라 확신합니다.

신형섭 교수_장로회신학대학교 기독교교육학과

곽상학 목사님의 글은 참 쉽습니다. 청소년과의 일상 대화도 어려운 이때, 난해한 신학적 주제와 성경과 교회생활의 중요한 내용들을 이처럼 쉽게 전달할 수 있다니 저자의 탁월한 필력에 감탄할 뿐입니다. 이 책은 우선 청소년 자녀를 둔 부모님과 교회학교의 교사들에게 강력하게 일독을 권합니다. 그리고 자녀와 학생들에게 아주 좋은 선물이 되리라 확신합니다.

안광복 목사_청주 상당교회 담임

추천의 글

청소년 때에 인생의 궁극적인 의미, 목적, 죽음, 영원, 진리… 그리고 내가 배우는 모든 것에 대해서 질문이 많아집니다. '과연 그럴까? 왜 그럴까? 진짜 믿어야하나?' 등 대충 넘어가지 않고 제대로 알고 배우고 싶은 마음들이 있습니다. 곽상학 목사님의 《청진기》는 청소년들이 부모와 목회자에게 묻고 싶은 질문들을 최대한 많이 담아 그들의 눈을 마주보며 진지하게 대답해 주려는 진정성이 가득합니다. 그동안 유스 코스타에서 섬겼던 곽상학 목사님이 청소년의 가슴에 청진기를 살며시 가져다 대며 주님의 사랑을 전해주고 있습니다. 저도 기대감으로 이 책을 적극 추천합니다.

유임근 목사_코스타(Kosta) 국제 총무

청진기는 보통 아픈 사람에 대한 관심과 헌신을 나타내는 도구입니다. 그러므로 이 책의 '청진기'도 이 시대의 아픈 청소년들을 향한 관심과 헌신의 결과물이 아닐까 생각해 봅니다. 더욱이 곽 목사님의 기독교와 성경에 대한 혜안은 오랜 시간 현장에서 얼마나 치열하게 사역했는지를 잘 보여주고 있습니다. 책의 시작부터 끝까지 묵직하게 말씀으로 승부하는 곽 목사님의 메시지를 통해 한국 교회의 청소년들이 단 한 명도 예외 없이 살아나고, 깨어나기를 기대해 봅니다.

유정훈 목사_부산 호산나교회 교육부 총괄

다음 세대에 대한 다큐멘터리를 기획하며 참고도서를 구입하기 위해 서점에 들렀다가 아연실색한 경험이 있습니다. 청소년 코너에 있는 책들이 한결같이 '입시'와 '성공'만을 소리 높여 외치고 있었기 때문입니다. 다음 세대의 주역인 아이들에게 어떤 가치관을 가르치고 있는지, 극명하게 볼 수 있는 자리였습니다. 대한민국 청소년 복음화율이 3%에 불과하다고 합니다. 수많은 아이들이 교회를 떠나고, 세상 속으로 빠져들어 갑니다. 세상과 예수의 갈림길에서 고민하는 친구에게 이 《청진기》를 살짝 선물하고 싶습니다. 성경 속 이야기가 오래된 고전이 아니라, 이 시대에도 살아 움직이는 하나님의 역사임을 느끼게 될 것입니다. 또 신앙에 대해 궁금했던 것들에 대한 많은 답을 얻을 수 있으리라 확신합니다.

유진주 피디_CGNTV

단순히 책상에서 쓴 책이 아니라 현장에서 직접 아이들을 만나고, 그들과 뛰고 뒹굴며 써 내려간 것입니다. 특히 우리 십대 아이들이 궁금해하고 설교자들도 오해하기 쉬운 내용을 성경적인 시각에서 자세히 풀어 썼습니다. 제4차 산업혁명의 시대를 사는 우리 청소년에게 지금 가장 필요한 것은 하나님의 말씀입니다. 삶으로 살아낸, 그래서 역사가 된 말씀입니다. 이 책을 사랑하는 십대들과 다음 세대를 위해 지금도 말씀을 붙들고 사역하시는 모든 분에게 적극 추천합니다.

윤용돈 목사_울산대영교회 다음 세대 교육 디렉터

곽상학 목사님이 《청바지》에 이어 《청진기》를 통해 또 한 번 크리스천 청소년들이 진짜 들어야 하는 기독교 이야기를 해 주어서 정말 기쁩니다. 그들이 즐겁게 읽으면서도 영적 유익을 얻을 수 있는 읽을거리를 주어서 기쁘고, 이 책을 읽으며 성경과 친해지고 하나님과 친해질 것이 기대되어서 기쁘고, 소중한 청소년들을 향해 귀한 청지기 사명을 곽 목사님이 잘 감당해 주셔서 기쁩니다. 기쁜 마음으로 이 책을 적극 권합니다.

이상준 목사_양재 온누리교회 담당

"그리스도 안에서 일만 스승이 있으되 아버지는 많지 아니하니 그리스도 예수 안에서 내가 복음으로써 너희를 낳았음이라"(고전 4:15, 개역개정)라고 이야기한 바울의 심정을 떠올립니다. 스승은 많으나 아비는 부족한 이 시대에 《청진기》는 스승의 가르침과 아비의 사랑을 동시에 경험할 수 있는 깊이 있는 책입니다. 비진리가 진리의 자리를 차지하고 있는 세대 속에서 이 책이 스승의 따끔한 가르침과 아비의 깊은 눈물이 되길 소망하며, 감사한 마음으로 이 책을 추천합니다.

이요셉 목사_양떼커뮤니티 대표, 복음을전하는교회 담임

의과 대학생 시절에 청진기를 귀에 꽂고 심장 소리를 들으며 어떤 이상이 있는지를 진단하는 훈련을 받던 때가 생각납니다. 청진기를 통해 잘 들리지 않던 세밀한 심장 소리를 들을 수 있는 것처럼, 《청진기》를 통해 어른들에게 들리지 않던 아이들의 소리와 그들을 누구보다 사랑하는 한 목자의 세밀한 음성이 전달될 것입니다. 《청바지》를 통해 청소년의 마음의 소리를 들려주었던 곽상학 목사님이 이번에는 《청진기》를 통해 그들의 오해와 질문에 응답하시는 하나님의 말씀을 정성스럽게 담았습니다. 이 책이 그들의 소리를 더 듣고, 하나님의 은혜로 치유하며, 요셉처럼 어려운 시대에 귀하게 쓰임 받는 사람으로 양육하는 도구가 되기를 기도합니다.

이은일 교수_고려대학교 의과대학, 전 한국창조과학회 회장

이 책의 원고를 읽어 나가며, 특히 제3부 "기독교의 핵심" 부분에서 책 제목을 '청진기'가 아니라 '모진기'(모두 진짜 들어야 할 기독교)로 바꾸었으면 좋겠다는 생각을 했습니다. 사역을 하는 저에게도 참 유익했기에 청소년뿐 아니라 많은 믿음의 사람에게 귀한 깨달음을 줄 것이라 생각합니다. 이 힘든 작업을 마치신 목사님께 진심으로 감사드리며, 모든 성도님과 다음 세대에게 적극 추천합니다.

임우현 목사_징검다리선교회 대표

성경 속 인물들에 대한 명쾌한 해석과 성경에 대한 궁금증에 대한 시원한 해갈이 있는 책입니다. 이 땅의 청소년들에게 필독서가 되길 바랍니다. 하나님의 자녀들이 세상의 지식보다 하나님의 지혜를 사모하며, 하나님 나라의 스타가 되어 주길 소망하며 선생님과 부모님께도 적극 추천합니다.

정준호_영화배우 & 이화정_아나운서

곽상학 목사님은 언제나 청소년의 눈높이에 맞추어 어떻게 하면 기독교의 핵심을 잘 전달하고 가르칠 수 있을지 고민하는 전문가입니다. 이

17

추천의 글

책을 읽으면서 청소년들이 품고 있는 기독교에 대한 고민에 깊이 공감했고, 동시에 그 질문에 대한 명쾌한 대답에 마음이 시원해졌습니다. 진짜 기독교의 모습이 희미해져 가는 요즘, 청소년들에게 마지막 희망처럼 다가갈 책이라 믿으며 추천합니다.

조성실 목사_소망교회 교육부 총괄

청소년 시절 늘 궁금했던 내용인데 어디서도 속 시원하게 들어 보지 못한 신앙적인 질문들이 있었습니다. 그 질문들은 내 청소년 시절 일기장에 고스란히 기록되어 있습니다. 저자가 내 일기장을 몰래 본 것일까요? 이 책에 통쾌하다 싶을 정도로 잘 설명되어 있습니다. 특별히 성경의 중요한 주제에 대한 저자의 역사적, 인문학적, 교육학적, 그리고 신학적인 식견이 돋보입니다. 신학적으로 의미 있는 주제이지만 자칫 무거울 수 있는 내용도 흥미로운 관점에서 설명해 주고 있습니다. 청소년기는 인지적으로 급격한 성장을 이루는 시기입니다. 신앙적인 부분도 마찬가지입니다. 청소년들의 신앙을 회복하기 위해서 가장 중요한 것은 신학적인 사고(Thinking Theologically)를 할 수 있도록 자극을 주는 일이라고 생각합니다. 정립되지 않은 분열된 지성으로는 이 세상에서 믿음으로 살아갈 수가 없습니다. 곽상학 목사님의 귀한 책이 청소년뿐만 아니라 청소년 사역자와 부모에게 귀한 도움이 되리라 확신합니다.

주경훈 목사_오륜교회 교육국장

이 책은 청소년의 언어와 눈높이에 맞추어 쓰였으며, 쉽게 놓칠 수 있는 성경의 숨겨진 보화들과 말씀의 진리를 깊은 통찰력으로 예리하면서 재미있게 소개하고 있습니다. 특히 이 시대를 살아가는 복음을 모르는 청소년들에게 성경이 역사적 사실이라는 것을 깨닫게 할 뿐만 아니라 성경의 핵심을 꿰뚫게 해 주며 나아가 말씀으로 우리의 삶을 인도하시는 놀라운 하나님의 사랑을 깨닫게 해줍니다. 이 책을 교회에 다니는 청소년과 그들을 섬기는 모든 사역자가 일독하기를 바라며 강력히 추천합니다.

천태혁 목사_스쿨임팩트 대표

추천의 글

세상의 소음(騷音)을 차단하고
주님의 소음(小音)에 집중하자

귀는 분명 중요한 신체 기관이다. 들어야 알 수 있고, 들어야 말할 수 있기 때문이다. 영어 'hear'과 'listen'은 둘 다 '~을 듣다'라는 의미를 지닌 동사다. 하지만 둘은 문장 안에서 각자 다른 의미로 쓰인다. 'hear'는 일반적으로 주어의 의지와 상관없이, 즉 가만히 있는데 저절로 소리가 들릴 때 사용하는 지각 동사다. 한편 'listen'은 주어의 의지대로, 즉 노력해서 듣는 경우에 사용한다. 전치사 'to'를 반드시 동반해서 말이다.

청소년들은 초·중·고등학교를 졸업하면서 답답한 울타리를 벗어나 대학을 가고, 군대를 가고, 사회를 경험하면서 더 많은 소음에 노출된다. '조물주 위에 건물주'를 외치는 물질만능주의 소음, '못생긴 것들은 영원한 루저(loser)'라고 소리치는 외모지상주의 소음, 승자 독식의 경쟁 체제 속에서 앞만 보고 달리는 성공지상주의 소음, '한 번 사는 인생, 나를 위해 즐기자'(You Only Live Once)는 욜로 소음, '행복은 결국 신기루이고 무너지는 모래성'이라는 극단적 허무주의 소음….

세상을 뒤흔드는 넘치는 소음 속에서 기독 청소년들은 무엇에 귀를 기울여야 하는가? 하나님의 자녀가 들어야 하는 이 소리는 두말할 나위 없이 하나님의 말씀이다. 그 말씀은 우리가 의지를 가지고 집중해서 들어야(listen) 할 하나님의 소리인 것이다. 그래서 가까이 가서 들어야 하고, 주목해야 한다.

환자의 몸에 갖다 대는 의사의 청진기는 폼이 아니다. 허세로 목에 두르는 장신구가 아니라는 뜻이다. 환자를 아프게 하는 미세한 소리 하나라도 놓치지 않겠다는 의사의 집중이자 집념이다. 의사가 청진기로 듣는 것은 환자를 건강하게 만드는 아름다운 몸짓이요 노력이 수반되는 멋진 의지다. 그리스도를 닮겠다고 자처하는 그리스도인의 가장 아름다운 몸짓도 그리스도의 말씀을 듣는 것이다. 들음의 그 아름다운 노력은 결국 믿음이라는 아름다운 결실을 맺는다.

지금도 끊임없이 세상이 왕이 되어 내놓는 소음(騷音, 불쾌하고 시끄러운 소리)에 우리 청소년들은 자신의 귀를 과감히 차단해 소음(消音, 소리를 없앰)하고, 세상의 왕 되신 주님이 허락하신 세미한 음성, 그 소음(小音, 작은 목소리)에 귀를 기울여야 한다. 전치사 'to'를 반드시 동반해야 하는 'listen'의 운명처럼 우리의 적극적 들음도 반드시 변치 않는 하나님의 말씀을 동반할 때 비로소 완성된다.

그렇다! 푸르고(靑) 젊은(少年) 이 아름다운 나이에 할 수 있는 가장 값진 일은 창조주 하나님의 말씀에 귀를 기울이는 것이다. 그래야 비로소 그분을 기억할 수 있기 때문이다(전 12:1).

2018년 4월

믿음의 다음 세대를 바라보면서 곽상학

Part 1   귀가 솔깃

성경에 대해
오해하고 있다고요?

요셉의 비전은
이집트의 총리였나요?

#비전의_사람 #롤모델_1위 #민족의_보존

매년 3월이면 전국의 학교마다 새 학년, 새 학기가 시작돼요. 개학 첫날이면 저마다 부푼 가슴과 설렘을 안고 새로운 선생님, 친구들과 어색하고도 반가운 인사를 나누지요. 새 학급을 맡은 담임 선생님들의 가장 큰 고민 중의 하나는 '1년 동안 우리 반 아이들을 어떤 방향으로 이끌어 갈까?'예요. 그 고민이 문장이나 문구로 반영된 것이 '급훈'이죠. 우리 친구들의 급훈은 무엇인가요?

제가 지금껏 본 급훈 중에 가장 '웃픈'(웃기면서도 슬픈) 것을 몇 가지 소개해 볼게요.

- 10분만 더 공부하면 아내의 얼굴이 바뀐다.
- 10분만 더 공부하면 남편의 직업이 바뀐다.
- 공장 가서 미싱 할래? 대학 가서 미팅 할래?
- 우리 엄마도 계 모임에서 말 좀 해 보자!
- 공부가 안될 때는 거울을 보자!

모두 한결같이 현재의 노력과 장래의 성공을 직업이나 외모와 연결시켜 학생들의 나태함을 꼬집는 사이다 같은 문장이네요. 이런 급훈들과 더불어 제 눈길을 한 번에 사로잡은 압권의 급훈이 있어요. 꿈과 비전을 절묘하게 배합해 만든 문장이죠.

"지금 잠을 자면 꿈을 꾸지만, 지금 공부를 하면 꿈을 이룬다."

약간 섬뜩하지 않나요? 한창 잠이 많은 나이에 자신의 아름다운 꿈을 이루기 위해서는 달콤한 잠 따위는 과감히 포기해야 한다는, 예전의 '4당 5락'(4시간 자면 합격, 5시간 자면 불합격)이라는 말과 일맥상통하는 문장이지요.

요즘처럼 어린이와 청소년들이 '꿈'에 대해 강력하게 요구받는 시대가 있을까요? "너는 꿈이 뭐니?", "앞으로 뭐가 되고 싶어?" 하고 덕담 삼아 건네는 어른들의 인사말마다 장래 희망이 들어 있죠. "꿈꾸는 미래, 행복한 학교" 같은 공교육 기관이 지향하는 교육관도 학생들의 진로와 직업에 집중되어 있어요.

이렇게 다음 세대의 진로와 직업이 중요해진 만큼 교회 안에서도 '꿈과 비전'에 대한 메시지가 대거 쏟아져 나오고 있어요. 그 정점에 서 있는 성경 속 주인공은 단연 '꿈의 사람, 요셉'일 거예요.

'요셉 = 비전의 사람'

이 공식은 성도들에게 기정사실화되었죠. 요셉이 우리 자녀 세대에게 '닮고 싶은 인물 1위'로 요구된 지도 꽤 오래예요. 그동안 교회는 다음과 같이 말하며 요셉을 비전의 사람으로 확대 포장해 다음 세대의 롤모델 1위로 강조해 온 것이 사실이에요.

"요셉은 어렸을 때 형들에 의해 이집트의 노예로 팔려가는 큰 고난을 겪었습니다. 하지만 그는 이를 악물고 고난을 이겨 냈는데, 그것은 장차 하나님이 주실 위대한 비전을 가슴에 품었기 때문입니다. 요셉은 보디발의 집에서 종노릇하면서도, 억울하게 감옥에서 죄수로 있으면서도 그 비전을 바라보며 꿋꿋이 이겨 냈고, 마침내 이집트의 총리라는 영광스러운 자리에 오르는 기염을 토했습니다. 아이들도 우리 하나님이 요셉처럼 위대하게 들어 쓰시기를 축원합니다."

하지만 성경은 '꿈꾸는 자'라는 말을 '계시를 수납한 자', '계시를 나타낸 자'로 해석하고 있어요. 요셉이 입었던 채색 옷은 당시 선지자를 나타내는 징표였어요. 요셉이 아버지 야곱에게 형들의 잘못을 고한 것은 그가 단순히 고자질쟁이였기 때문이 아니에요. 형들이 죄를 범했을 때 말씀의 기준이 되는 자로서 그것을 수정하고 정정하기 위해 애쓴 긍정적인 행동이었죠.

언젠가부터 그리스도인의 비전이 '세상에서 성공하는 것'이 되면서 우리는 역경을 이겨 내고 고위직에 오른 요셉을 비전의 사람이라고 쉽게 판단해 버리곤 해요. 그런데 요셉을 지탱해 주었다고 말하는 비전이 고작 세속 국가의 총리 따위라고요? 창세기 45장은 요셉이 자신이 가진 총리의 직함을 어떻게 이해하고 있었는지를 보여 주어요.

> 이 땅에서 형님들의 자손들을 보존하시고 큰 구원을 베푸셔서 형님들의 목숨을 살리시려고 하나님께서 미리 저를 보내신 것입니다. 그러므로 저를 여기에 보내신 분은 형님들이 아니라 하나님이십니다 창 45:7-8

자신이 왜 형들에 의해 팔렸으며, 온갖 우여곡절을 겪은 뒤 이집트의 총리까지 되었는지에 대한 간증을 한 거예요. 요셉에게 중요한 것은 '총리'가 아니라 '하나님이 나를 어디에 사용하기 위해 총리가 되게 하셨는가?'였어요. 그는 자신이 총리가 된 이유가 이스라엘 나라를 잘 '보존'해 그 후손들을 통해 오실 그리스도의 길이 막히지 않게 하기 위함이라는 것을 분명히 깨달았던 것이에요. 한마디로, 이스라엘 열두 형제와 그 가문의 생명을 구원하기 위해 하나님이 자신을 이집트에 보내 총리가 되게 하셨다는 거지요.

이집트 총리가 된 요셉이 그의 인생에서 가장 중요하게 여긴 것은 '하나님의 뜻'이요, '하나님 나라가 보존되는 것'이었어요. 요셉은 그리스도의 길을 준비하는 사람이었던 거예요. 요셉에게 있어서 이집트 총리는 단지 그 길을 위한 도구에 불과했던 것이죠.

번영 신학(성경을 부자가 되는 데 이용하려는 주의)이나 고지론(그리스도인이 세상을 변화시키기 위해서는 고지를 정복하는 일이 가장 우선 되어야 한다는 생각)의 독소에 갇혀 세상의 가치를 더 높이 평가하는 사람들은 요셉이 이룬 비전을 이집트의 총리로 국한해요. 더 나아가 "총리의 자리에서 하나님의 일을 더 크게 할 수 있는 것 아니냐"라고 항변하기도 하지요. 그래서 성공과 출세를 비전으로 삼은 수많은 청소년이 요셉의 뒤를 따라 또 하나의 총리가 되기 위해 애쓰고 있어요.

하지만 우리는 기억해야 해요. 성경은 요셉을 우리가 생각하는 '비전의 사람'으로 결코 묘사하고 있지 않아요. 오히려 요셉에게 중요한 것이 있다면 '하나님 나라의 일'이지, '이 땅에서의 영광'이 아니었음을 강조하죠. 훗날 "그분으로 인해 내가 모든 것을 잃어버리고 심지어 배설물로 여기는 것은 내가 그리스도를 얻고 그 안에서 발견되기 위한 것입니다"(빌 3:8-9)라는 사도 바울의 아름다운 고백은 매일매일 하나님 나라를 꿈꾸며 거대한 시대의 물줄기를 거슬러 올라갔던 '꿈쟁이 요셉'의 위대한 고백이기도 하답니다.

클레오파트라도
성경에 나오나요?

#신구약_중간시대 #알렉산더 #아우구스투스

'하나님의 침묵'이라는 말을 들어 봤나요? 말씀하시는 하나님이 침묵하신다니 무슨 일인가 싶죠? 구약성경의 맨 마지막 책인 말라기서 이후 예수님이 등장하시기까지 약 400년 동안 하나님은 침묵하셨어요. 그래서 이 기간을 '암흑시대' 혹은 '신구약 중간시대'라고 일컫죠. 마치 옛날에 야곱의 식구 70명이 이집트로 내려간 이후 모세가 등장하기까지 약 400년 동안 하나님이 침묵하셨던 것과 비슷해요.

신구약 중간시대를 알아야 신약성경이 제대로 열리기 때문에 이 기간을 이해하는 것은 매우 중요해요. 게다가 우리 친구들이 세계사 시간에 배우는 재미있는 사건들이 이때 많이 일어났기 때문에 무척 흥미진진하죠.

얼마 전 한 중학생 친구가 알렉산더나 클레오파트라가 성경에 나오냐고 묻더군요. 맞아요. 바로 이 사람들이 신구약 중간시대에 등장해서 이스라엘에 지대한 영향을 미쳤어요. 성경에는 이스라엘 주변에 있었던 여러 나라가 등장해요. 이집트(성경에는 애굽), 아시리아(성경에는 앗수르), 바빌로니아(성경에는 바벨론), 페르시아(성경에는 바사), 그리스(성경에는 헬라), 로마 제국 등이지요. 그러니 이 나라들의 역사에 대해서도 자연히 관심을 가지게 된답니다.

신구약 중간시대에 알렉산더(알렉산드로스)가 등장해서 대제국 페르시아가 다스리던 지역을 포함해 더 넓은 지역을 차지하며 그리스 철학과 동방의 오리엔트 문명을 합친 헬라 문화를 퍼뜨렸어요. 불세출의 영웅이었던 알렉산더는 33세에 전염병으로 죽었고, 그의 부하들이 그 넓은 땅을 나누어 맡아 다스리게 되었지요.

또 이집트 프톨레미 왕조에 등장한 절세가인(絶世佳人) 클레오파트라의 흥미진진한 생애는 후대에 다양한 창작자들에게 영감을 주어 영화와 소설로 제작되었어요. 티끌 한 점 없는 아름다움에 대한 관심은 동서고금을 막론하고 많은 사람의 공통점이 아닐까요? 《팡세》의 저자인 프랑스의 사상가 블레즈 파스칼은 클레오파트라를 두고 "그녀의 코가 조금만 낮았더라도 미인으로 불릴 수 없었을 것이고, 그랬더라면 로마 장군들이 서로 싸우지 않아 지금과는 다른 역사가 만들어졌을 것"이라고 말하기도 했어요. 클레오파트라는 당대의 영웅들과 결혼해 막강한 부와 권력을 누리며 이집트의 자치권을 지켜 낸 똑똑한 여왕이었답니다.

이집트에는 수많은 왕조가 존재해 왔어요. 클레오파트라 7세라는 그녀의 이름에서 짐작할 수 있듯이, '클레오파트라'라는 이름을 가진 이집트의 왕녀는 한두 사람이 아니었어요. 하지만 클레오파트라 7세가 속한 프톨레미 왕조는 기독교에 끼친 영향력이 꽤 크답니다. 이 왕조는 이스라엘에 그 당시 선진 문물이었던 헬레니즘 문화를 소개했고, 화해 정치의 목적으로 이스라엘 사람들의 도움을 받아 당시 세계 공용어였던 헬라어로 '70인역 헬라어 성경'을 만드는 데 공헌했어요. 이 일은 성경을 전 세계에 알리는 데 초석을 세운 일이라고 하지요.

그럼 클레오파트라의 삶에 대해 좀 더 살펴볼까요? "왕족은 왕족과만 결혼할 수 있다"는 이집트의 국법에 따라 클레오파트라는 남동생과 결혼해 왕좌에 올랐어요. 그러나 남편이자 남동생인 프톨레미 13세가 왕권을 쟁취하려고 하자 클레오파트라는 치열한 권력 투쟁을 벌였어요. BC 48년, 클레오파트라는 프톨레미 13세와의 정치 싸움에서 패배하는 바람에 왕좌에서 쫓겨났어요. 막다른 골목에 처한 클레오파트라는 이집트를 침공한 로마의 최고 실력자 카이사르의 힘을 빌려 왕권을 되찾겠다는 계획을 세웠어요.

클레오파트라도 성경에 나오나요?

하지만 유배 중인 클레오파트라는 카이사르를 당당히 만나러 갈 수 없었죠. 정복자 카이사르가 이집트 왕궁에 묵고 있다는 사실을 알게 된 클레오파트라는 기상천외한 계략을 펼쳤어요. 신하에게 자신의 몸을 양탄자로 둘둘 말아 카이사르에게 선물로 가져다주라고 명령한 거예요. 큼직한 양탄자는 카이사르의 눈길을 끄는 데 성공했어요. 양탄자에서 나온 클레오파트라에게 완전히 반한 카이사르는 그녀가 이집트 여왕의 자리를 되찾도록 도와주었답니다.

하지만 나중에 카이사르는 브루투스에게 암살을 당했어요. 그러자 클레오파트라는 다음 상대로 로마 최고의 실력자로 부상한 안토니우스와 결탁했고, 카이사르의 양아들인 옥타비아누스와 대적하다가 그 유명한 악티움 해전에서 패했어요. 이 전쟁을 통해 옥타비아누스는 마침내 로마의 대권을 차지하고 '팍스 로마나'(Pax Romana, '로마의 평화'라는 뜻) 시대를 열었어요. 그는 로마 최초의 황제, 아우구스투스('존엄자'라는 뜻)가 되었답니다. 바로 예수님이 탄생하셨을 때의 로마 황제이지요. 누가복음 2장 1절을 보면, "그 무렵 아우구스투스 황제가 칙령을 내려 전 로마 통치 지역은 호적 등록을 하게 됐습니다"라고 기록되어 있어요.

이렇듯 클레오파트라와 정적 관계였던 옥타비아누스의 명령을 따라 요셉과 마리아가 그들의 고향인 베들레헴으로 아기 예수님의 출생 신고를 하러 갔다고 생각하니 참 재미있죠?

'민족의 영광'이라는 이름 뜻을 가진 클레오파트라는 이집트 민족의 영광은 고사하고 독사에 물려 죽었을 정도로 개인적 생애를 비극으로 마쳤어요. 공교롭게 예수님과 같은 나이만큼 살았던 알렉산더와 클레오파트라의 남자들인 카이사르와 안토니우스, 그리고 로마 최초의 황제 옥타비아누스 등 그들의 파란만장한 삶을 들여다보면 어떤 생각이 드나요? 권력이나 아름다움은 결코 영원하지 않다는 것을 알 수 있지요. 이사야서 말씀처럼 "풀은 시들고 꽃은 떨어지지만 우리 하나님의 말씀은 영원히 서 있다"(사 40:8)라는 것이 역사의 증언이에요.

이들은 마치 전 세계를 움직인 역사의 주인공 같지만, 사실은 진정한 주인공이신 예수님을 위한 조연으로 등장했다가 역사의 뒤안길로 사라진 사람들이라고 볼 수 있어요.

하나님은 구약성경의 마지막 책인 말라기 1장 2절에서 이스라엘 백성이 "하나님이 우리를 어떻게 사랑하셨습니까?"라고 물었다고 말씀하셨어요. 그 질문에 하나님이 신구약 중간시대를 다 통과시키고 약 400년의 침묵을 깨면서 결정적인 답변을 하셨어요.

> 하나님께서 세상을 이처럼 사랑하셔서 외아들을 주셨으니 이는 그를 믿는 사람마다 멸망하지 않고 영생을 얻게 하려는 것이다. 하나님께서 자신의 아들을 세상에 보내신 것은 세상을 심판하시려는 것이 아니라 그 아들을 통해 세상을 구원하시려는 것이다
>
> 요 3:16-17

클레오파트라도 성경에 나오나요?

에스더가
제국의 여인이었다고요?

#영화_〈300〉 #페르시아 #왕비 #부림절

전 세계에서 유일하게 마라톤을 금지하는 나라가 있어요. 바로
이란이에요. 이란의 조상인 페르시아가 그리스로부터 뼈아픈 패배를
당한 마라톤 전투가 마라톤의 기원이기 때문이죠.

육지에서의 전투도 있지만 바다에서 치르는 해전도 있어요. 역사
상 가장 유명한 세계 4대 해전으로는 우리나라 이순신 장군의 한산도
해전과 페르시아와 그리스의 살라미스 해전, 스페인과 영국의 칼레

해전, 영국과 프랑스의 트라팔가 해전을 꼽을 수 있어요. 그중에서 가장 역사가 오래된 살라미스 해전은 숙명과도 같은 페르시아와 그리스의 3차 전쟁에 해당하죠.

BC 480년, 페르시아의 크세르크세스왕은 역사상 가장 많은 숫자의 원정군을 꾸려서 그리스로 출격했어요. 헤로도토스의 책 《페르시아 전쟁사》를 보면, "원정군이 지나는 마을들은 우물이 다 마르고 강이 다 고갈되었다"라고 기록되었을 정도에요. 잭 스나이더 감독의 영화 〈300〉에서도 이 전쟁을 상당히 자세히 묘사했는데, "나는 관대하다"라는 영화 속 대사가 개그 프로그램을 통해 유행이 될 정도였고, '스파르타'라는 나라 이름은 구호로도 불렸죠.

페르시아가 그리스를 진격해 들어올 때 페르시아의 함대는 1,200척이었는데, 그리스군은 아테네와 연합군의 함대들을 합쳐 고작 380척밖에 되지 않았어요. 먼저 페르시아의 육군이 에게해 북쪽 해안을 따라 마케도니아와 테살리아 지방을 통과해서 진격해 오자, 스파르타는 테르모필레의 좁은 계곡을 전투 장소로 결정했어요.

스파르타의 레오니다스왕이 그리스 연합군인 7,000명의 보병을 이끌었는데, 그는 죽음을 각오한 스파르타 정예 부대 300명만 남겨 두고 다른 국가에서 출정한 그리스 군인들은 모두 집으로 돌아가게 했어요. 어쩌면 레오니다스왕이 성경에 나오는 기드온을 따라 한 것이 아닌가 싶어요. 미디안 연합군과 싸우기 위해 모인 이스라엘 3만 2,000명의 군사들 중 최종 테스트까지 통과한 300명만을 데리고 전장에 나가서 나팔을 불고 항아리를 깨뜨리고 횃불을 들어 이긴 이상한 전쟁 말이에요. 기드온은 전쟁이 여호와께 속했음을 아는 장군이었죠.

아무튼 레오니다스왕과 스파르타 300명의 용사들은 테르모필레의 좁은 계곡에서 장렬한 최후를 맞이하게 되었어요. 이때 크세르크세스왕은 이미 페르시아가 전쟁에서 승리했다고 판단했어요. 따라서 해전까지 가는 것은 불필요하다고 생각했죠. 그런데 아테네의 테미스토클레스가 페르시아 쪽에 위장 첩자를 보내 "그리스군은 지금 공포에 질려 있고, 살라미스에서 더 멀리 도망칠 생각밖에 없다"는 거짓 정보를 흘렸어요. 여기에 말려든 크세르크세스왕이 치른 해전이 바로 살라미스 해전이에요.

좁은 살라미스 해협에서의 8시간에 걸친 전투 결과, 페르시아의 200척의 함대가 격침당하고 200척의 함대가 그리스에 포획당하는 등 그리스 연합군의 완승으로 끝나게 되었죠. 언덕 위에서 살라미스 해전을 지켜보고 있던 크세르크세스왕은 보급로마저 끊어질 위험이 있자 살아남은 소수의 군인들을 데리고 서둘러 퇴각했어요.

원대한 꿈을 품고 엄청난 규모의 원정군을 이끌고 출격했지만 살라미스 해전과 이어진 전투에서 모두 실패하고 풀이 죽어서 페르시아로 돌아간 크세르크세스왕. 그는 바로 구약성경 중 에스더서에 나오는 아하수에로왕이에요. 인도에서부터 에티오피아까지 무려 127개 지방을 다스린 페르시아 대제국의 황제인 크세르크세스 1세는 왕후

와스디를 폐위하고 유대인 에스더를 왕비로 맞이했죠.

에스더서는 구약성경 가운데 아주 독특한 책이에요. '하나님'이라는 이름이 한 번도 등장하지 않을뿐더러 배경도 이스라엘이 아닌 페르시아 황제의 겨울 궁전인 수산 왕궁이거든요. 여주인공 에스더는 이방인 왕 아하수에로(크세르크세스)와 결혼했어요. 유대인을 말살하려 했던 하만이라는 사람의 계략에 맞서서 "죽으면 죽으리이다"(에 4:16, 개역개정)라는 각오로 왕 앞에 나아갔던 왕후죠.

에스더라는 이름은 페르시아어로 '별'을 뜻해요. 라틴어로는 '스텔라'(stella)인데, 오늘날의 '스타'(star, 별)가 이 단어에서 유래된 거래요. 당시 최강대국 페르시아의 스타로 살았던 에스더는 사촌 오빠이자 양아버지인 모르드개와 함께 유대 민족을 지켜 냈고, 유대 민족을 넘어 하늘나라의 스타로 등극했어요. 에스더는 하늘이 밝게 빛나는 것처럼 빛났고, 많은 사람을 의로 이끌어 별처럼 영원히 빛나는 진정한 스타의 삶을 살다 갔어요.

우리나라는 삼일절이면 조국의 광복을 위해 자신의 목숨을 초개처럼 버렸던 유관순 열사를 기억해요. 마찬가지로 유대인들이 유대 민족을 구원한 에스더를 기억하고 하나님께 감사하는 명절이 있는데, '부림절'(Days of Purim)이라고 해요. 부림절이 되면 유대인들은 슬픔이 기쁨으로, 초상집이 잔칫집으로 바뀐 이날을 기념해 지금도 최소한 두 사람 이상에게 음식을 만들어 보내거나 가난한 사람들에게 돈을 보내는 좋은 풍습을 지키고 있어요.

이렇게 유대인들에게 사랑받는 스타, 에스더의 남편이 살라미스 해전에서의 패전을 지켜보며 눈물을 삼켰던, 영화 〈300〉에 등장하는 페르시아의 왕이라니! 인류 역사 곳곳에 숨어 있는 성경 이야기가 이렇게 흥미진진할 줄 몰랐죠? 부와 명예를 한 몸에 누리던 제국의 한 여인을 찾아가 영원한 하늘나라의 별로 만드신 하나님이야말로 역사의 위대한 스토리텔러이시랍니다.

에서가 팥죽 한 그릇에
몰락한 게 아니라고요?

#사냥꾼 #장자권 #야곱 #리브가

비가 내리거나 싸늘한 날에는 뜨끈하고 걸쭉한 붉은 팥죽이 생각 나지 않나요? 가끔 가다 씹히는 새알심은 팥죽을 즐기게 하는 손꼽히는 풍미이기도 하지요. 이 맛있는 팥죽이 언급될 때마다 웃을 수 없는 한 사람이 있으니, 바로 에서랍니다.

에서의 가계도를 잠깐 살펴보면 입이 쩍 벌어져요. 에서의 할아버지는 그 유명한 믿음의 조상 아브라함이고, 아버지는 이삭, 어머니는 리브가예요. 쌍둥이 동생이 한 명 있는데, 바로 야곱이에요. 아브라함의 집안은 이리저리 유랑 생활을 했지만 대대로 이어 온 가업이 있었어요. 소위 축산업 재벌이었죠. 아브라함은 죽기 전 아들 이삭에게 '자기 모든 소유'를 주었어요. 당연히 아브라함의 손자요, 이삭의 장남인 에서는 모든 재산과 권한을 이어받은 장자로, 소위 '금수저'였어요. 게다가 아버지 이삭은 농사에까지 손을 대서 더 엄청난 거부가 되었어요. 농업과 축산업에서 큰 성공을 이룬 가문이 된 것이죠.

그런데 이렇게 거부가 된 가문의 장자인 에서는 엉뚱하게도 사냥꾼이 되었어요. 사냥하는 사람들은 그때나 지금이나 대체로 두 가지 목적을 가지고 있죠. 먹고살기 위한 생계형 사냥과 재미를 위한 스포츠형 사냥이에요. 먹고사는 데 하등의 문제가 없는 에서에게 당연히 사냥이란 그저 게임(game, '사냥감'이라는 뜻도 있음)이었을 거예요.

사냥의 맛을 아는 사람들은 세상에서 가장 재미있는 스포츠로 사냥을 꼽는 데 전혀 주저하지 않는다고 해요. 오죽하면 "중국 하(夏) 왕조의 태강이라는 왕이 100일 동안 사냥에 미쳐 있다가 궁으로 돌아갔더니 나라가 이미 다른 사람에게 넘어갔다"는 일화가 전해질까요?

사실 에서는 재벌가의 상속자로서 해야 할 일이 많았어요. 엄청난 규모의 농사와 목축 현황을 파악하고 많은 하인을 다스리는 MBA(경영학 석사 과정) 공부를 해 아브라함 가문의 고도의 실무적인 경영을 이끌어야 하는 위치에 있었지요. 그뿐인가요? 당시는 제사장이 없던 시절이니, 가족을 대표해 하나님을 섬기는 제사를 주관하고 주의 말씀과 명령을 쉼 없이 배우고 익혀야 했죠.

그러나 에서는 이 모든 일에 관심이 없었어요. 성경은 에서를 "능숙한(skillful) 사냥꾼"(창 25:27)이라고 표현하는데, 그는 늘 들판을 돌아다니며 동물의 피가 튀는 짜릿한 사냥 게임에만 몰두했던 것이에요. 재벌 3세였던 에서가 풍천노숙(風天露宿)하며 사냥했을 리는 없죠. 아마도 경치 좋은 사냥터를 찾아다니면서 호화스러운 일정을 소화하며 젊은 남자의 혈기를 방탕이라는 이름으로 하루하루 소모했을 것임은 충분히 상상 가능한 일이에요.

창세기 26장 34절을 보면, 나이 40세의 에서가 '헷 사람 브에리의 딸 유딧'과 '헷 사람 엘론의 딸 바스맛'이라는 두 여자를 데리고 와서 부모에게 소개하는 장면이 나와요. 이런 불효막심이 어디 있어요? 그러니까 에서는 자기 마음대로 밖에서 결혼부터 하고 나서 부모에게 아내(그것도 두 명이나)를 데려왔어요.

아브라함 집안이 어떤 가문인가요? 하나님이 이방 여인과의 결혼은 불허하셨기에 아브라함이 하란까지 종을 보내 리브가라는 순결한 며느리를 얻지 않았나요? 이런 가풍을 지닌 집안에 사냥에 빠진 장남이 어느 날 근본도 없는 이방 여인 둘을 데려와 며느리라고 하니, 아버지 이삭과 어머니 리브가의 마음은 한없이 무너져 내렸을 거예요.

창세기 27장 46절에서 리브가는 남편인 이삭에게 "제가 이 헷 사람의 딸들 때문에 사는 게 지긋지긋합니다"라고 말했어요. 즉 "이방 며느리들 때문에 죽어 버리고 싶어요"라고 하소연을 한 거죠. 그러면서 리브가는 둘째 아들인 야곱마저 만약 이방인 아내를 맞이하면 자신이 무슨 즐거움으로 살겠냐고 한탄했어요.

흔히 우리는 에서라는 인물을 생각할 때 단순히 순간의 실수로, 팥죽 한 그릇 때문에 장자권을 잃은 사람처럼 여기기 쉬워요. 심지어 어떤 이는 에서가 불쌍하다며 '에서 동정론'을 펴기도 하지요. 하지만 에서의 몰락은 예고된 것이었어요. 그가 아브라함의 자손에게 있어서 가장 기본적인 하나님 중심의 삶을 버리고, 마땅히 지켜야 할 자리를 떠났기 때문이죠. 에서는 쾌락에 갇혀 값없이 주어진 장자권의 은혜를 한낱 사냥 게임과 바꿔 버린 사람이었어요.

이에 비해 야곱은 비록 장자권이 없는 둘째였지만 하나님의 약속과 말씀이 있는 장막을 떠나지 않았고, 형 에서가 소홀히 여긴 아브라함 집안의 장자권의 가치를 귀하게 알고 이를 얻기 위해 애썼어요. 그리고 마침내 그의 후손들로부터 "아브라함과 이삭과 야곱의 하나님!"이라 일컬음을 받는 영광의 자리에 우뚝 서게 되었죠.

에서와 야곱의 얄궂은 두 갈래 인생은 지금 이 시대를 사는 우리에게도 유효해요. 당장 나의 쾌락을 채워 주는 '세상의 게임방'으로 내려갈 것인지, 비록 눈에 보이지는 않지만 우직하게 말씀 안에서 '믿음의 경주'를 할 것인지, 우리 친구들의 선택이 궁금해지네요.

삼손은 여자에 빠진
일그러진 영웅인가요?

#사사_시대 #삼손과_사무엘 #믿음의_용사

구약성경에 나오는 인물들 가운데 삼손만큼이나 수많은 이야깃
거리를 생산해 낸 사람이 있을까요? 존 밀턴의 시 "투사 삼손", 카미유
생상의 오페라 〈삼손과 들릴라〉, 세실 B. 데밀의 영화 〈삼손과 들릴
라〉, 렘브란트의 그림 "삼손의 실명", 구이도 레니의 그림 "삼손의 승
리", 피터 파울 루벤스의 그림 "삼손과 들릴라" 등 수많은 시인, 화가,
영화감독들이 삼손의 이야기에 깊이 매료되어 다양한 장르의 작품들

을 쏟아 냈어요. 그뿐인가요? 1910년 미국의 제스 슈와이더라는 사람이 창설한 여행 및 서류 가방 전문 브랜드 '쌤소나이트'(Samsonite)를 알고 있나요? 그 회사는 '장사(壯士) 삼손'을 통해 가장 견고하고 튼튼한 가방이라는 브랜드 이미지를 입히는 데 성공했지요.

그러나 세상에서 받는 융성한 대접이 무색할 정도로, 교회 내에서는 괄시와 천대를 한 몸에 받고 있는 사람이 삼손이기도 하답니다. 선지자 삼손은 왜 이처럼 한국 교회에서 천덕꾸러기로 전락했을까요? 아마도 삼손의 '여자 문제'라는 도덕적 준거가 예로부터 처첩의 문제나 가정불화 등 여자와 관련된 문제로 상처가 많은 한국 사회에 강한 반발로 작용한 것이 아닌가 싶어요. '근육질 바람둥이', '여자에 눈이 멀어 하나님의 사명을 망각한 머저리'라고 평가절하된 것이지요.

하지만 이와 대조적으로 성경은 삼손을 '믿음의 용사'라고 평가해요. '믿음 장'이라고 불리는 히브리서 11장에서도 삼손이 기드온, 바락, 입다, 다윗, 사무엘, 선지자들 등과 어깨를 나란히 하고 있어요. 어쩌면 삼손은 그동안 한국 교회에서 받았던 억울한 평가를 만회하고 싶어 할지 몰라요. 우리가 그동안 가졌던 도덕적 관점을 전면 수정해 성경이 말하는 구속사적 관점에서 삼손을 다시 바라보고자 해요.

첫째, 삼손이 살던 시대적 배경을 살펴보아야 해요. 당시는 사사 시대였어요. 그 시절 이스라엘에는 왕이 없었기에 모두 자기가 보기에 옳다고 생각하는 대로 행동했어요(삿 17:6). 그 혼란했던 시기에 하나님은 사사들을 보내 이스라엘을 다스리게 하셨죠. 사사들의 임무는 무엇이었을까요? 바로 '대적과 싸우는 일'이었어요. 그것은 바로 이스라엘을 구원하는 일이었죠.

사사기를 보면, 각 사사들의 시대마다 해당 대적들이 나와요. 사사 에훗의 시대에는 모압, 사사 드보라의 시대에는 가나안, 사사 기드온의 시대에는 미디안이 대적이었어요. 사사 삼손의 시대에는 '다윗과 골리앗' 사건 때문에 유명해진 블레셋이 대적이었죠. 즉 삼손의 사명은 '블레셋과 싸워 이스라엘을 구원하는 것'이었어요.

또 사사기를 보면, 하나님과 이스라엘 백성 사이에 애증(愛憎)의 사이클이 있어요.

> 이스라엘의 불순종 – 하나님의 징계로써 대적의 지배를 받음 – 이스라엘의 회개 – 하나님이 구원자로서 사사를 보내심 – 또 이스라엘의 불순종 – 하나님의 징계로써 대적의 지배를 받음…

그런데 사사 시대 말기인 삼손 시대에는 이 사이클이 끊어지고 말아요. 바로 '이스라엘의 회개'라는 고리가 끊어졌죠. 이스라엘은 블레셋으로 인해 고통당할 때 하나님께 나아가 회개해야 했는데, 오히려 그들과 화친을 맺고 말았어요. 그뿐 아니라 자신들의 구원자인 삼손을 잡아 그들에게 갖다 바치려고 했어요(삿 15:11-13). 이스라엘에게 블레셋이 골칫덩이가 아니라 사사 삼손이 방해물이 되어 버렸던 것이지요. 삼손은 이런 암울한 시대에 '홀로' 싸운 사람이었어요.

둘째, 삼손의 사역과 이스라엘의 구원의 관계를 살펴보아야 해요. 삼손은 사사로서 이스라엘을 20년 동안 다스렸어요. 그는 일찍 죽었기 때문에 블레셋으로부터의 구원을 이루지는 못했지만 그 구원을 '시작'한 사람이었어요(삿 13:5). 그리고 블레셋 통치기에 삼손과 함께 활동한 동시대 사사인 사무엘이 블레셋의 압제에 대해 '끝점'을 찍었다고 성경에 기술되어 있어요(삼상 7:13).

셋째, 삼손의 마지막 생애는 '회복'(recovery)으로 마무리되었어요. 한때 삼손은 들릴라라는 여인으로 인해 시험에 빠졌던 것이 사실이에요. 분명히 악한 일이었어요(삿 16:20). 그러나 그의 인생은 잠깐의 실패로 하나님이 주신 사명을 그르칠 위기에서 다시 전면적으로 자신의 사명을 되찾는 것으로 결론지어졌어요. 자신의 죽음을 통해 마지막 순간에 블레셋과의 싸움의 판도를 바꿔 버린 믿음의 용사였던 것이지요(삿 16:30).

임진왜란 당시 진주성을 함락시킨 왜장을 끌어안고 함께 진주 남강에 투신한 의로운 기생 논개처럼 자신의 민족을 압제한 블레셋의 수많은 적을 죽이고 그들과 함께 장렬히 전사한 삼손의 업적을 가리켜 '삼손의 왕관'(Samson's crown)이라는 표현을 쓰기도 해요.

하나님은 한때 여자 문제로 치명적 과오를 범했던 다윗을 회복시키셨어요. 삼손 역시 평생토록 여자 뒤꽁무니만 따라다니다 패가망신한 '일그러진 영웅'이 아니라, 주님의 의로운 오른팔에 강하게 붙들린 '삼손의 왕관'으로 재평가된다면 하늘에 있는 삼손도 이제는 조금 덜 억울하지 않을까요?

솔로몬은
지혜로운 왕이 아니라고요?

#말_수집광 #이스라엘의_분열 #르호보암

동명왕 신화, 김수로왕 신화, 강감찬 설화, 김유신 설화, 바리데기 설화 등 우리나라 고전 문학에서 빠질 수 없는 장르가 '영웅 설화'예요. '시대와 배경은 달라도 영웅 설화에는 고유의 도식이 있다'고 국어 시간에 배웠던 것, 기억하고 있나요?

> 신이한 출생 - 비범한 능력 - 위기와 시련 - 조력자 출현 - 고난 극복 -
> 승리와 행복

출생의 비밀을 간직한 이스라엘의 제3대 왕 솔로몬도 바로 이러한 영웅 설화의 주인공으로서의 조건을 갖췄다고 할 수 있어요.

전쟁 중이던 어느 날, 왕궁 지붕 위를 한가로이 거닐다가 '목욕(bath)하는 여자(She)를 바(ba)라본' 다윗왕은 욕망이 타오르는 가슴으로 '밧세바'(Bathsheba)라는 유부녀를 품어 버렸어요. 왕을 위해 생명도 아끼지 않았던 충직한 신하 우리아에게 보답한 것이 고작 그의 아내를 빼앗는 것이라니! 그 부끄러운 남녀 사이에서 태어난 아이가 바로 솔로몬이랍니다.

솔로몬은 다윗의 10번째 아들로서 서열상으로 왕이 될 수 없는 위치였지만 다윗의 지명으로 왕이 되었어요. 왕이 된 후 솔로몬은 기브온에서 하나님께 일천 번제를 드려 하나님께 응답을 받아 지혜와 부와 영광을 얻었어요. 7년 만에 성전을 건축했고, 13년간 왕궁을 건축했죠. 외교와 무역에도 탁월함을 보였는데, 금, 은, 상아, 원숭이, 공작 등을 외국에서 수입할 정도로 그 당시 부강한 군주였어요(대하 9:21). 중동 전체를 지배하면서 그 일대의 나라들로부터 조공을 받았죠. 덕분에 당시 이스라엘 백성은 풍요와 안락을 누렸어요.

어디 그뿐인가요? 솔로몬은 지혜가 어마어마했어요. 하나님이 주신 지혜와 지식으로 수많은 저작과 업적을 남겼죠. 천문학, 수학 분야에서는 그 분야 최고였던 아라비아 동방계 사람들을 능가했고, 건축술과 법률 분야에서도 내로라하는 이집트인들의 추종을 불허했어요. 문학에서는 어떠했나요? 성경 중에서 전도서와 지혜의 보고(寶庫)인

3,000개의 잠언을 말했고, 아름다운 사랑 이야기인 아가서를 포함해 1,005개의 노래를 지었으며, 식물과 동물에 대한 분류 도감을 저술해 발표하기까지 했어요. 수많은 사람이 솔로몬에게 한 수 배우겠다고 줄을 지어 몰려올 정도였죠(왕상 4:29-34).

이렇게 하나님과 백성의 기대를 한 몸에 받으면서 승리 가도를 달리던 솔로몬은 충분히 영웅 설화의 주인공인 것 같네요. 이 정도면 지금 이 시대 어린이와 청소년들의 롤모델로 충분하지 않나요? 솔로몬이라는 호칭을 딴 대치동의 입시 학원이나 법원 근처의 법률 사무소가 괜히 성황은 아니구나 싶지요?

그러나 성경은 이토록 뛰어난 솔로몬을 향해 잔인하리만큼 단호한 평가를 내려요. 초반에 잠깐 반짝하다가 결국 나라를 송두리째 망친 왕이요, 정치적으로 경제적으로 완벽히 실패한 지도자라고 혹평을 쏟아 내죠. 가증한 우상을 들여오는 데 앞장선 왕이자, 백성의 생활을 도탄에 빠뜨렸고, 이스라엘 최고의 비극이라고 할 수 있는 남과 북의 분열을 미리 조장한 왕으로 평가해요.

도대체 솔로몬은 왜 그 놀라운 능력과 자질을 갖고서도 성경에 불명예스러운 이름으로 남게 되었을까요? 여기에는 명백한 성경적 이유가 있어요. 어찌 보면 솔로몬 왕가의 몰락은 예고된 것인지도 몰라요. 솔로몬이 절대 탐내지 말아야 할 3가지를 탐냈기 때문이지요.

첫째, 솔로몬은 자기 자신을 위해 많은 말(馬)을 탐냈어요. 현대적인 표현을 빌리면, 자동차 수집가였던 거예요. 예로부터 정적인 여자들은 집에 애착을 갖는 반면, 동적인 남자들은 속도감 있는 탈 것(vehicle)에 관심이 많았어요. 솔로몬은 상상을 초월한 말 수집광이었어요. 솔로몬에게는 전차용 말을 위한 마구간 4만 개와 기마병 1만 2,000명이 있었다고 하니(왕상 4:26), 말 다 했죠? 게다가 지방 장관들이 솔로몬의 밥상뿐 아니라 말과 군마들을 먹일 보리와 짚도 각자 자기 책임에 따라 마구간으로 공급했다고 해요. 굶주린 자들의 신음을 들으시는 하나님이 과연 솔로몬의 말 수집하는 취미를 기뻐하셨을까요?

둘째, 솔로몬은 아내를 탐냈어요. 탐내도 너무 탐냈어요. 아내와 첩이 무려 1,000명에 달했으니, 말문이 막힐 지경이지요. 700명의 왕비와 300명의 첩이 있었는데, 이들이 솔로몬의 마음을 돌려놓았다고 성경은 말하고 있어요(왕상 11:3). 솔로몬이 그 많은 아내의 얼굴과 이름을 다 외웠을 리는 만무할 테고, 어쩌면 아내들이 이름표를 달았거나 왕비 증명서를 제시하면서 다녔을지도 몰라요. 또한 1,000세대가 넘는 왕비 주택 단지가 조성되어 있었을 거예요. 게다가 그들 대부분이 이방 땅에서 왔기 때문에 이방 우상들이 온 이스라엘로 삽시간에 퍼져 나갔음은 너무나 당연한 일이었겠죠?

셋째, 솔로몬은 은과 금을 탐냈어요. 얼마나 많은 보석을 모았던지, 왕궁의 모든 집기가 금과 은으로 가득 찼어요. "술잔은 모두 금으로 만들었고 레바논 나무 궁에 있는 그릇들은 모두 순금이었습니다"(왕상 10:21)라는 기록만 보더라도 왕의 사치를 대략 짐작할 수 있죠.

한 나라의 지도자인 왕은 정말 중요한 자리예요. 그래서 하나님은 500여 년 전에 미리 경고하셨어요.

> 왕은 자신을 위해 많은 말을 소유하지 말고 말을 더 얻으려고 이집트로 백성들을 다시 보내지 말라. 여호와께서 너희에게 "너희는 그 길로 다시 가지 말라"고 하셨다. 왕은 많은 아내들을 두지 말라. 그래야 그의 마음이 돌아서지 않을 것이다. 왕은 또한 은과 금을 많이 모아 두지 말라 신 17:16-17

아마도 솔로몬은 모세오경에 기록된 이 말씀을 분명히 수십, 수백 번 읽었을 거예요. 하지만 그는 선왕이 될 수 있는 이 금과옥조(金科玉條)를 무시하고 말았어요. 가장 지혜로운 왕에서 가장 어리석은 왕으로 전락해 버렸지요.

그런데 사실 솔로몬에게는 이 3가지보다 더 치명적인 어리석음이 있었어요. 바로 자녀 교육을 망쳐 버렸다는 거예요. 역사적으로 이스라엘의 가장 큰 불행은 솔로몬의 아들인 르호보암 때 발생한 남북 왕조의 분열이에요. 이는 솔로몬이 자녀 교육에 철저히 실패했기 때문에 일어난 일이에요.

언뜻 보면 솔로몬은 자녀에게 그럴싸한 가르침을 많이 남긴 아버지였어요. 잠언 1장 8절을 보면, 솔로몬은 "내 아들아, 네 아버지의 교훈을 잘 듣고 네 어머니의 가르침을 버리지 마라"라고 하면서 자녀에게 지혜의 가르침을 전해 주고 싶어 했어요. 재물을 멀리하며 안빈낙

솔로몬은 지혜로운 왕이 아니라고요?

도(安貧樂道)하는 샬롬의 인생을 가르쳤어요.

> 마른 빵을 먹더라도 평안하고 조용한 것이 온갖 맛있는 음식이 가
> 득하고도 다투며 사는 것보다 낫다 잠 17:1

육신의 욕망을 멀리해야 한다는 가르침도 강력하게 설파했어요.

> 네 마음에서 그 여자의 아름다움을 탐하지 말고 그 여자가 눈짓으
> 로 너를 홀리지 못하게 하여라 잠 6:25

아이러니하게도, 오늘날 우리에게 큰 감동으로 전해지는 이 지혜의 말씀들이 당시 솔로몬의 아들에게는 전혀 영향력을 행사하지 못했지 뭐예요. 물론 나중에는 조금 회개했지만, 성경이 끝내 르호보암을 '악한 왕'의 대명사로 기록하고 있는 것을 보면 르호보암의 인생이 불쌍하기까지 해요. 르호보암은 왜 이처럼 탁월한 교훈을 들으며 교육받았음에도 불구하고 이스라엘에서 가장 어리석고 난폭한 왕이 되어 나라를 반 토막으로 만드는 치명적인 실수를 저질렀을까요?

그 이유는 생각보다 간단해요. 솔로몬이 입으로만 지혜를 가르쳤을 뿐, 자신의 삶을 아들에게 보여 주지 못했던 거예요. 자녀 교육은 '말하기'(telling)가 아니라 '보여 주기'(showing)인데 말이에요. 생각해 보세요. 아들에게 끝없이 이방 여인과의 음란을 피할 것을 경고했지만,

정작 자기 자신은 이미 1,000명이나 되는 여인을 아내와 첩으로 두고 있었잖아요? 검소하게 사는 것이 아름답다고 입으로는 가르쳤지만, 솔로몬이 걸친 옷과 손에 든 황금 잔은 너무도 화려했어요. 황금 침대에서 황금 잔을 들고 이방 여인을 곁에 둔 아버지가 하는 말들이 아들 르호보암에게는 공허한 메아리이자 잔소리였을 것임은 두말할 나위가 없죠.

성경은 진리를 전하기 위해 가장 중요한 것은 화려한 문체와 언변이 아니라 '진리대로 사는 삶'이라고 솔로몬을 통해 웅변하고 있어요. 예수님도 "이 계명 가운데 아주 하찮은 것 하나라도 어기고 또 남에게도 그렇게 하도록 가르치는 사람은 하늘나라에서 가장 작은 사람이라고 불릴 것이다. 그러나 누구든지 이 계명을 지키며 가르치는 사람은 하늘나라에서 큰 사람이라고 불릴 것이다"(마 5:19)라고 말씀하셨어요. 그리고 그 가르침대로 골고다 십자가 길을 묵묵히 걸어가셨죠.

나와 가까운 사람, 내 주위에 있는 사람에게 예수님이 걸어가신 길을 바로 보여 주는 삶은 정말 중요하고도 어려워요. 요즘처럼 들을 것이 넘쳐 나는 시대에 남에게 함부로 가르치며 살기는 참 쉽죠. 그러나 오히려 내가 입을 열 때마다 내 친구나 부모님이 내가 섬기는 예수님을 비웃고 있지는 않을까 자신을 돌아봐야 할 거예요.

다혈질 모세?
신중형 모세!

#이집트인_살인_사건 #우발적_실수 #계획된_범행

　'히포크라테스 선서'라는 말을 들어 보았나요? '의학의 아버지'
또는 '의성'(醫聖)이라고 불린 BC 4세기경의 히포크라테스는 고대 그
리스의 의사였답니다. 지금도 히포크라테스 선서문을 낭독하는 것이
의사가 되는 첫 관문이라고 해요. 그는 또한 가장 오래된 성격유형론
자로서, 인간을 담즙질, 다혈질, 점액질, 우울질 등 4가지 유형으로 분
류하기도 했어요. 이 이론은 곧 DISC 성격유형으로 발전했고, 각각 담

즙질은 주도형, 다혈질은 사교형, 점액질은 안정형, 우울질은 신중형으로 구분되었어요.

성경에는 다양한 성격의 사람들이 많이 등장해요. 매사에 의지가 강하고 독립적이며 계획적이고 실제적인 바울은 전형적인 담즙질(주도형)에 속해요. 또한 생각보다 행동이 앞서고 우울하거나 조용한 것을 참지 못하는 다혈질(사교형)의 대표 주자는 단연 베드로지요. 한편 안정과 평안을 추구하고 매사에 진지하지만 자신의 의견을 당차게 내비치지 못하는 착한 바나바 같은 사람은 전형적인 점액질(안정형) 인물이랍니다. 마지막으로, 과묵하고 매사에 진지하면서도 분석적인 우울질(신중형)은 완벽하지 못해 실패할까 두려워 신중한 성격인데요, 대표적인 성경 인물이 누구일까요? 바로 모세랍니다.

흔히 출애굽기 2장에 나오는 모세의 '이집트인 살인 사건'을 가리켜 '순간 욱하는 마음을 참지 못해 저지른 모세의 실수'라고 생각해요. 동족인 히브리 사람을 괴롭힌 이집트인을 죽여서 모래 속에 묻어버린 모세야말로 다혈질 성격유형이라고 생각하는 사람이 많지요. 다시 말해서 이 사건은 살인이라는 부정적 색채가 워낙 짙기에 모세의 행동을 구속사적인 관점으로 해석하지 못하고 단지 불끈 솟아오른 격한 마음을 다스리지 못해 저지른 단순한 실수로 보는 경향이 많다는 뜻이에요.

하지만 성경은 모세의 살인 사건이 결코 그의 단순하고도 우발적인 실수가 아님을 강조하고 있어요. 어쩌다가 욱하는 마음으로 이집트인을 해친 것이 아니라 주위에 사람이 있는지 없는지 이리저리 살펴보고 실행한, 계획된 범행이었죠.

> 이리저리 살펴 아무도 없는 것을 보고는 그 이집트 사람을 죽여 모래 속에 묻었습니다 출 2:12

또한 사도행전을 보면 스데반이 이스라엘의 역사를 쭉 훑으면서 그들의 범죄를 지적하는 긴 이야기가 나오는데, 그때 모세의 행위에 대해 상당히 우호적인 입장을 취하고 있다는 것을 알 수 있어요.

> 모세는 자기 백성들 가운데 한 사람이 이집트 사람에게 학대당하는 것을 보고 그 편을 들러 갔다가 그 이집트 사람을 쳐 죽이고 원수를 갚아 주었습니다 행 7:24

자기 백성의 원통한 일을 보복하는 것은 하나님이 원수를 갚아 주시는 행위예요. 성경은 곧잘 '자기 백성의 원수 갚는 일'을 하나님이 하신다고 말해요.

> 복수하는 것은 내 일이다. 내가 갚아 줄 것이다 신 32:35

사도행전은 모세가 하나님의 손을 대행해 하나님의 백성을 건진 것으로 설명하고 있어요.

게다가 이집트인을 죽인 모세의 신분은 다름 아닌 이집트의 왕자였어요. 역사적으로 모세가 이집트의 궁전에 있었던 때를 아멘호텝 1세의 시절이나 투트모스 1세의 딸 하트셉수트가 20년간 섭정을 하고 있었던 시대로 봐요. 모세의 양어머니가 하트셉수트였다면 이집트의 왕자인 모세가 사람 한 명 죽였다고 해서 바로를 피해 도망했다는 것은 말이 되지 않아요. 오히려 자기 동족인 히브리 백성을 해방시키려 했던 모종의 계략이 탄로 나서 도망 간 것으로 보는 편이 맞지요. 이렇듯 모세는 구원자이신 하나님의 대리자로서, 이스라엘 백성의 해방자로서 하나님의 손을 대신해 원수를 쳐 죽였어요.

또한 성경은 모세가 이스라엘 백성을 향해 나아간 행위를 '그리스도를 위해 수모를 당하는 것'으로 말해요. 이 사건은 하나님이 모세의 손을 빌려 이스라엘의 원수를 갚으신 보복 행위였음을 정확히 뒷받침해 주고 있죠.

믿음으로 모세는 다 자란 후에 바로의 딸의 아들이라 불리는 것을 거부했습니다. 그는 잠시 죄의 쾌락을 즐기는 것보다 오히려 하나님의 백성과 함께 고난받기를 더 좋아했습니다. 그는 그리스도를 위해 당하는 수모를 이집트의 보화보다 더 가치 있는 것으로 여겼습니다. 이는 그가 상을 바라보았기 때문입니다 히 11:24-26

다혈질 모세? 신중형 모세!

따라서 이 사건은 도덕적인 의미에서 보는 우발적 살인 사건이나 한 다혈질적인 사내의 무절제한 살인 행위로 폄하되어서는 안 돼요. 오히려 하나님이 압제 아래 있던 자기 백성을 위해 한 구원자를 통해 구원할 것을 보여 주신 사건으로 재평가되어야 하죠. 다시 말해서 성경은 모세를 통해 우리에게 두 그림을 동시에 보여 주고 있다고 할 수 있어요. 하나는 '하나님의 구원의 서막을 여는 그림'이고, 또 하나는 '그 은혜를 거부한 이스라엘 백성의 고집'이에요.

> 모세는 자기 동족만큼은 하나님께서 자기를 통해 그들을 구원해 내실 것을 깨닫고 있으리라 생각했지만 실제로 그들은 깨닫지 못했습니다 행 7:25

우리는 모세의 삶과 사역에서 인류를 구원하신 예수님의 모습을 미리 엿볼 수 있어요. 포악한 헤롯왕에 의해 죽임당할 뻔한 아기 예수님은 말구유에 누워 계셨어요. 포악한 바로왕에 의해 죽임당할 뻔한 모세는 은혜의 갈대 상자에 누워 건짐 받았죠. 공생애 시작 전 예수님은 40일간 광야에 계셨어요. 하나님의 종으로 쓰임 받기 전 모세는 미디안 광야에서 40년을 보냈어요. 정말 비슷하죠?

또한 예수님은 십자가에 달려 죽으심으로 인류를 죄에서 구원해 내셨어요. 모세는 광야에서 놋으로 만든 뱀을 장대에 매달아 독사들로부터 이스라엘 백성을 구해 냈죠. 성경은 이렇게 말해요.

모세가 광야에서 뱀을 들어 올린 것같이 인자도 들려야 한다. 그것은 그를 믿는 사람마다 영생을 얻게 하려는 것이다 요 3:14-15

이처럼 모세는 선지자, 제사장, 지도자(왕)로서의 사역을 했을 뿐 아니라 이스라엘의 구원자요, 중보자요, 입법자의 역할을 함으로써 장차 오실 예수님의 사역과 역할을 미리 보여 주었어요.

룻은
그저 착한 며느리의 대명사인가요?

#베이브_루스 #보아스 #그리스도의_구속

따뜻한 봄소식과 함께 한국 프로 야구와 미국 메이저리그가 개막하면 바야흐로 야구의 계절이 돌아와요. 베이브 루스(Babe Ruth, 본명은 조지 허만 루스)는 미국 메이저리그에서 가장 유명한 야구 선수 중 한 명이죠. 양키스 팀에서 전설적인 타자로 활약했던 그는 '밤비노의 저주'라는 말을 유행시켰어요. '밤비노'는 이탈리아어로 '갓난아기'를 뜻해요. 영어 '베이브'(Babe)와 같은 뜻으로, 조지 허만 루스의 예명인 베이브를 빗대어 밤비노라고 한 것이지요.

당시 명문 구단이었던 보스턴 레드삭스는 베이브 루스의 자질을 과소평가해 뉴욕 양키스에 헐값으로 이적시켰어요. 이후 뉴욕 양키스는 베이브 루스의 폭발적인 홈런에 힘입어 메이저리그의 최고 명문 구단으로 성장해 2002년까지 총 26회에 달하는 월드시리즈 우승을 차지했죠. 반면 보스턴 레드삭스는 어떻게 되었을까요? 2002년까지 단 한 번도 월드시리즈에서 우승하지 못했어요. 이것을 '밤비노의 저주'라고 한답니다.

이처럼 야구팬의 가슴에 영원히 남아 있는 이름, 야구계의 전설, 베이브 루스를 인터넷에서 검색하다 보면 함께 등장하는 성경 인물이 있어요. 바로 룻(Ruth)이에요. 시어머니와 며느리의 관계, 즉 고부 관계를 이야기하는 데 등장하지요. 룻은 '착한 며느리의 대명사'가 되어 어버이주일이면 "효"(孝)를 주제로 한 설교에 자주 등장하는 여인이에요.

"모압 여인으로서 유대인 엘리멜렉의 아들 말론과 결혼했다가 한순간에 과부가 된 룻이 있었어요. 룻은 동서인 오르바와는 달리 자기 동족에게로 돌아가지 않았고, 베들레헴으로 돌아가는 시어머니 나오미를 좇아 유대 땅으로 갔어요. 그 땅에서 시어머니를 잘 봉양해 축복을 받아 마침내 보아스라는 근사한 남자와 결혼해 행복하게 잘 살았대요."

그런데 이런 식의 권선징악적 교훈 플롯으로 룻기를 본다면 누구보다도 룻이 엄청 서운해할 듯싶어요. 왜냐하면 룻기를 찬찬히 살펴

룻은 그저 착한 며느리의 대명사인가요?

보면, 단순히 효도와 그로 인한 축복의 이야기가 아니라 온통 '언약 백성과 하나님의 관계', '오실 메시아'에 관한 이야기로 가득 차 있다는 것을 알 수 있거든요.

그렇다면 룻이라는 여인의 이름 그대로 책 제목이 된 룻기가 강조하는 내용이 무엇인지 살펴보도록 해요.

첫째, 시대적 상황을 아는 것이 무척 중요해요. 룻이 살던 당시는 이스라엘이 하나님 앞에 소망이 없고 절망적으로 기울어져 있던 사사 시대였어요. 그 시절 이스라엘에는 왕이 없었기에 모두 자기가 보기에 옳다고 생각하는 대로 행동했어요(삿 17:6). 한마디로, 하나님이라는 절대적 기준이 없고, 자기 자신이 삶의 기준이 되어 자신의 힘으로 살았던 시기라는 뜻이에요.

둘째, 시대적 상황과 맞물린 '하나님의 심판'이 룻기 곳곳에 묘사되어 있어요. 사사 시대에 흉년이 들자 나오미 가족은 모압 땅으로 이주했어요. 흉년은 전형적인 언약적 심판의 모습이에요(레 26:14-20). 그것도 '떡집'이라는 이름 뜻을 가진 '베들레헴'에 흉년이 들다니요! 그리고 약속의 땅을 떠나는 것 역시 심판이에요. 역사적으로 이스라엘이 땅을 빼앗기고 포로로 끌려가게 된 것이 하나님의 심판의 끝이었죠(레 26:27-33).

뿐만 아니라 남편이 죽어 과부가 된 것도 명확한 심판적 상황이라고 볼 수 있어요. 성경에서 남편과 아내의 관계는 일관되게 하나님과 하나님 백성의 관계를 상징해요(사 54:5). 그런데 룻기에서는 1명도 아니고 3명의 여인, 즉 시어머니 나오미와 두 며느리 오르바와 룻이 모두 과부가 되었어요. 이것은 하나님을 배역해 남편이 없는 상태인 이스라엘을 그대로 반영한 것이에요.

셋째, 룻기의 마지막이 상당히 이상하게 끝나는 것에 주목해야 해요. 언뜻 보면 룻기는 전래동화 같은 구성을 취하고 있는데, 희한하게도 '기-승-전-족보'로 끝나요. 감동적인 이야기 끝에 어색하게 붙은 족보는 도대체 왜 있는 것일까요? 바로 룻기의 주제를 밝히기 위함이랍니다. 룻기는 시종일관 '사사 시대가 어떻게 끝나는가?'를 보여 주는 책이 거든요. 그래서 룻기는 "지금은 사사 시대"라고 말하면서 시작해 "이 제는 다윗의 계보다"라고 말하면서 끝나요.

그렇다면 자기가 보기에 옳다고 생각하는 대로 행동한 사사 시대가 어떻게 끝났나요? 바로 믿음의 여인 룻과 그리스도를 예표하는 보아스의 구속 행위를 통해서였어요.

넷째, 동화책 《신데렐라》에 나오는 왕자님과 같은 보아스에 주목해야 해요. 어떤 사람은 '룻기'가 아니라 '보아스기'라고 해야 한다고 말할 정도로 이 책의 주인공은 보아스예요.

당시 이스라엘에는 '고엘 제도'가 있었어요. 이 제도는 공동체 구성원들의 생명과 재산과 가문을 지켜 주기 위한 제도였어요. 형제가 자식 없이 죽었을 경우 공동체를 존속시키기 위해 가까운 형제 순으로 남겨진 미망인과 결혼해 기업을 이을 자를 낳게 해 주는 계대결혼(繼代結婚)이 핵심이죠. '고엘'을 다른 말로 '기업 무를 자'라고 해요.

보아스는 룻으로부터 전남편의 이름으로 기업 무를 자가 되어 달라는 요청을 받았어요. '무른다'라는 말은 '다시 찾아오다'(Redeem)라는 뜻이에요. 즉 기업 무를 자란 구원자(Redeemer)라는 의미예요. 이사야 43장 1절에서 '구속하다'라는 말이 '고엘'이죠.

> 야곱아 너를 창조하신 여호와께서 지금 말씀하시느니라 이스라엘아 너를 지으신 이가 말씀하시느니라 너는 두려워하지 말라 내가 너를 구속하였고 내가 너를 지명하여 불렀나니 너는 내 것이라
>
> **사 43:1, 개역개정**

룻은 밤에 보아스를 찾아가서 "당신은 저를 맡아야 할 친척이니 당신의 옷자락으로 저를 덮어 주십시오"(룻 3:9)라고 말했어요. 앞서 보아스는 밭에서 만난 룻에게 "당신이 이스라엘의 하나님 여호와의 날개 아래로 보호받으러 왔으니 그분께서 당신에게 넉넉히 갚아 주실 것이오"(룻 2:12)라고 말했어요. 룻과 보아스가 한 말에 나오는 '옷자락'과 '날개'는 히브리어 '카나프'로, 같은 말이에요. 즉 룻이 예수 그리스도를 상징하는 보아스에게 가서 그의 날개 아래로 들어간다는 것은 고엘(구원자)이신 주님께 자신을 의탁하는 행위를 뜻한답니다.

"우리나라 고전에 효성을 강조하는 《심청전》이 있다면 성경에는 '룻기'가 있다"는 어떤 이의 주장은 이제 더 이상 설 자리가 없겠네요? 성경은 그렇게 얄팍한 도덕이나 신변잡기적 이야기를 교훈하는 정도

의 책이 아니에요. 풍성하신 그리스도의 구속이라는 보석으로 가득 찬 하나님의 말씀이죠.

예수 그리스도께서 우리를 위해 대신 짐을 져 주신 아름다운 구속 사역과 함께 구속주이신 그리스도의 고엘 행위에 믿음으로 자신을 맡길 때 저주의 사사 시대를 탈출할 수 있다는 룻기를 다시 읽어 보세요.

야구의 계절, 따뜻한 봄이면 '밤비노의 저주'를 몰고 온 베이브 루스만 인터넷에서 검색하기보다 '구원의 은혜'를 알려 준 룻기를 깊이 있게 사색해 봄은 어떨까요?

룻은 그저 착한 며느리의 대명사인가요?

가룟 유다?
짱깨 유다!

#돈주머니 #욕심 #청지기

어떤 물건을 넣어 두기 위해 만든 나무 상자를 '궤'(櫃)라고 해요. 옛날 사람들은 주로 돈이나 쌀같이 소중한 물건을 궤에다 넣어 두곤 했지요. 손바닥을 의미하는 '장'(掌)이라는 글자와 함께 쓰이는 '장궤'(掌櫃)는 '짱깨'로 발음되는 중국어인데, 가게 주인이라는 뜻도 있어요. 짱깨는 손바닥으로 돈궤를 움켜쥔 채 재물에 강한 집착을 보이는 중국인들의 단면을 표현하는 말이기도 해요.

그런데 이 세상에 돈을 싫어하는 사람이 과연 얼마나 있겠어요? 그야말로 돈이 가진 힘은 신(神)의 자리를 넘볼 정도로 워낙 강력하기에 물질에 대해 자유로운 사람은 극히 드물다고 할 수 있어요.

이따금 우리 주위에서 가족이나 친구를 배신하거나 자신의 소신마저 저버리고 물질을 택하는 경우를 심심치 않게 보게 되죠? 누군가는 세상에서 가장 견디기 힘든 고통을 '믿었던 사람에게 배신당하는 것'이라고 말했어요. 예수님은 세상에 오셔서 인간에게 존재하는 거의 모든 고통을 몸소 다 겪으셨어요. 심지어 친형제와도 같은 가룟 유다의 배신으로 죽음까지 당하셨지요. 수많은 무리 가운데 12명의 제자들 중 한 명에 뽑힐 정도로 믿음과 열심을 소유한 가룟 유다는 왜 예수님을 배신했을까요? 도대체 그가 예수님을 팔아넘긴 이유는 무엇일까요?

일부 역사학자는 유다가 당시 조국의 독립을 위해 칼을 휘둘렀던 열심당인 셀롯당에 속해 있었고, 그가 예수님을 팔아넘긴 것은 애국적 행동이었다고 묘사하기도 해요. 뮤지컬 〈지저스 크라이스트 슈퍼스타〉에서는 절망에 빠진 유다가 "나는 그를 어떻게 사랑해야 하는지 모르겠어요"(I Don't Know How to love Him)라는 노래를 가슴 절절히 부르면서 탁월한 휴머니스트로 포장되어 있기도 하죠.

하지만 이 모든 것은 성경이 말하는 바가 아니에요. 마태복음에는 유다가 예수님을 팔겠다고 결심하고 이를 실행에 옮긴 첫 순간이 잘 나와 있어요.

그때 열두 제자 중 하나인 가룟 사람 유다가 대제사장들에게 가서 물었습니다. "예수를 당신들에게 넘겨주면 내게 얼마나 주겠소?" 마 26:14-15

첫 구절 '그때'(then)란 언제였을까요? 바로 예수님이 베다니 나병환자 시몬의 집에서 식사하실 때 나사로의 동생 마리아가 귀중한 향유를 예수님의 머리에 부은 사건 직후예요. 그때 예수님께 부어진 향유의 가격은 300데나리온이었어요. 1데나리온이 노동자의 하루 임금이었으니, 지금 우리 돈으로 일당 5만 원 기준으로 환산하면 약 1,500만 원 정도의 거금이었어요. 마리아가 향유를 아낌없이 예수님께 붓자 분개한 가룟 유다의 입에서는 다음과 같은 말이 불쑥 튀어나왔어요.

왜 향유를 저렇게 낭비하는가? 이 향유를 비싼 값에 팔아 그 돈으로 가난한 사람들을 도울 수 있었을 텐데 마 26:8-9

유다가 정말 가난한 사람들을 생각해서 '낭비' 운운했던 것일까요? 당연히 아니에요. 유다는 당시에 돈궤를 맡고 있었는데, 만약 마리아가 향유를 주님께 붓지 않고 현찰로 드렸더라면 그 거금이 자기가 맡은 돈궤로 들어오게 되는 것이었죠. 그러면 유다는 그 돈의 상당 부분을 그의 비상한(?) 손재주로 자기 주머니로 슬쩍 이동시킬 수 있었던 거예요.

그는 돈주머니를 맡고 있으면서 거기에 있는 돈을 훔쳐 가곤 했기 때문입니다 요 12:6

한몫 크게 볼 기회를 놓치고 말았으니 유다가 얼마나 속이 쓰렸겠어요. 이런 유다의 마음을 이미 간파하신 예수님은 유다를 야단치셨어요.

그 순간 유다는 자기 마음속 깊은 곳을 꿰뚫어 보시는 예수님의 깊은 시선에 모든 것을 들켜 버리고 말았어요. 하지만 그 부끄럽고 창피한 순간을 '돌이킴'의 기회로 사용하지 않고 '자기합리화의 분노'로 사용해 버렸죠.

'난 억울해. 나에게는 충분히 그럴만한 이유가 있어. 예수 당신이 그동안 수고한 내 헌신을 알기나 해?'

모든 것이 들통 난 상황에서 유다는 예수님을 죽여 버림으로써 그동안의 자기 죄를 감춰 버릴 완전 범죄를 꿈꾸었던 거예요. 마침 대제사장들이 예수님을 죽이기 위해 혈안이 되어 있겠다, 손 안 대고 코 풀 수 있는 절호의 기회를 포착했던 것이지요. 게다가 유다는 특유의 수완으로 은돈 30이라는 짭짤한 부수입도 챙길 수 있었으니 그야말로 일석이조였던 셈이죠.

사실 예수님은 유다에게 회개할 기회를 여러 차례 주셨어요. 레오나르도 다 빈치의 유명한 작품 "최후의 만찬"을 알죠? 예수님은 최후의 만찬석상에서 직접적으로 이렇게 말씀하셨어요.

너희 중 하나가 나를 배반할 것이다 마 26:21

유다는 순간 철렁 내려앉은 가슴을 쓸어내리며 예수님께 조심스럽게 여쭈었어요. "랍비여! 저는 아니겠지요?"(마 26:25) 하자 예수님은 "네가 말했다"(마 26:25)라고 대답하셨어요. 요한복음은 이 장면을 더 자세히 설명해 주는데, 예수님이 빵(떡) 한 조각을 적셔서 유다에게 주실 때 유다가 빵을 받자 사탄이 그에게 들어갔다고 해요(요 13:27). 많은 친구가 이 구절을 예수님이 유다에게 고의로 사탄을 집어넣으신 것이 아니냐고 오해하더군요. 그럴 리가 있나요! 인간은 종종 진리보다 자신의 자존심을 더 소중하게 여기죠. 빛 되신 진리 앞에 자신의 정체가 훤히 드러났을 때 유다는 회개의 눈물을 선택하지 않고, 구겨질 대로 구겨진 자존심을 탓하며 사탄의 지배를 선택해 버렸던 거예요.

'뭐야? 지난번 베다니에서 향유를 마구 부어 대던 마리아 앞에서 망신시키더니 오늘 이 좋은 저녁 식사 자리에서 또 나를 이따위로 취급해? 어디 십자가 형틀 위에서 그럴 수 있나 보자!'

분노로 일그러질 대로 일그러진 유다의 얼굴이 충분히 상상되지 않나요?

결국 원한이 가득 찬 분노로 유다는 칼과 몽둥이로 무장한 사람들에게 "내가 입을 맞추는 사람이 바로 그 사람이니 그를 붙잡아 단단히 끌고 가시오"(막 14:44)라고 내뱉었고, 곧바로 예수님 앞에 나아가서는 "선생님!" 하며 입을 맞추었어요.

아마도 우리 주님은 십자가에 달리시기 전까지 이처럼 아무리 깨우쳐도 듣지 않는 한 인간의 완악한 죄로 인해 너무 고통스러우셨을 거예요. 회개를 거부하는 완악한 마음과 재물에 대한 지속적인 욕망으로 인해 유다는 마침내 스승이자 형제나 다름없던 구세주를 팔아넘겨 버렸답니다.

가룟 유다에 대해 알면 알수록 두려워지는 것이 사실이에요. 왜냐하면 유다에게서 발견되는 욕심과 죄악이 우리에게도 똑같이 도사리고 있기 때문이죠. 주님은 우리에게 적든 많든 재물을 맡기셨어요. 하나님은 요셉에게도 보디발의 많은 재산을 맡기셨어요(창 39:4). 요셉이 한 집안을 뛰어넘어 이집트라는 한 나라까지 맡을 수 있었던 것은 그가 진정한 청지기(steward)였기 때문이에요. '청(聽)지기'란 주인의 말을 듣는 사람이라는 의미예요.

만약 가룟 유다가 주님의 말씀을 듣는 참된 청지기였다면 예수님께 "그는 차라리 태어나지 않는 게 나았을 것이다"(마 26:24)라고 평가받은 '짱깨의 인생'으로 끝나지 않고, 영원한 하나님 나라의 주역으로 자리 잡은 '짱짱한 인생'이 될 수 있었을 텐데 말이에요.

누군가는 인생이 'B-C-D'라고 말해요. B(Birth, 출생)와 D(Death, 죽음) 사이에 C를 채워 넣어 가며 사는 것이라고요. 태어나서 죽을 때까지 C(Christ, 예수)로 채울 것인지, C(Cash, 돈)로 채울 것인지 우리 친구들의 C(choice, 선택)가 궁금하네요.

Part 2   엉뚱 발랄

이런 거
물어봐도 돼요?

하나님은 왜
선악과를 만드신 거예요?

#사과 #규칙 #사랑의_열매

오랜 역사를 통해 문학과 과학을 넘나들며 전 인류에게 강력한 존재감을 '뿜뿜' 보여 주고 있는 과일은 무엇일까요?

"하루에 사과 하나면 의사가 필요 없다"(An Apple a Day Keeps the Doctor Away)라는 영국 속담이 있을 정도로, 인간에게 가장 친근하고도 고마운 과일은 다름 아닌 사과랍니다.

그리스 로마 신화에서 헤라와 아테나, 아프로디테라는 세 여신의 질투와 탐심을 일으켜서 트로이 전쟁의 도화선이 된 것은 황금으로 된 사과였어요. 만유인력의 법칙을 밝힌 것도 바로 뉴턴의 사과였죠. 제1, 2, 3차 산업혁명을 거쳐 지금의 제4차 산업혁명을 견인한 스티브 잡스가 창업한 회사 애플(Apple Inc.)의 상징은 한 입 베어 문 사과죠.

그런데 신기하게도 가장 많은 사람이 역사상 가장 강력한 영향을 준 사과로 '아담과 하와의 사과'를 꼽았지 뭐예요. 사실 아담과 하와가 먹은 것은 사과가 아니라 '선악과'(善惡果)예요. 정확히 말해 그 과일의 이름은 '선과 악을 알게 하는 나무의 열매'인데, 편의상 '선악과'라고 부를 뿐이지요(창 2:17).

우리 친구들로부터 끊임없이 받는 질문들 중에 꼭 등장하는 것이 바로 선악과 질문이에요.

"하나님은 도대체 왜 선악과를 만드신 거예요? 선악과를 먹어서 죄가 세상에 들어온 거잖아요? 그것도 동산 한가운데 놓아 두고는 인간이 따 먹나 안 따 먹나 숨어서 보시는 하나님을 어떻게 사랑의 신이라고 할 수 있나요? 결국 인간을 타락시킨 장본인은 하나님 아닌가요?"

꼬리에 꼬리를 물어 가는 이 의문에 대해 성경은 살포시 품고 있는 선악과의 비밀을 우리에게 알려 주어요. 뉴턴이 발견한 만유인력의 법칙처럼 모든 관계에는 규칙이 존재해요. 갓 입대한 이등병이 부대장을 찾아가기 위해서는 복잡하고도 준엄한 규칙들을 거쳐야만 해요. 이처럼 선악과는 하나님과 인간 사이에 맺어진 규칙이라고 말할 수 있어요. 어떤 친구는 자신을 답답하고 불편하게 만드는 규칙 때문에 넌덜머리가 난다고 하던데, 정말 규칙이 나쁜 건가요?

교통사고를 미연에 방지하고 원활한 도로 교통 상황을 유지할 수 있는 이유는 교통 규칙이 있기 때문이에요. 가해자의 학교 폭력으로부터 학생들을 보호하고 학교의 질서를 유지할 수 있는 것도 학교 규칙이 있기 때문이지요. 이렇듯 에덴동산에서 하나님과 인간 사이에도 매우 간단하고도 유일한 규칙이 딱 하나 있었는데, 그것은 오직 선악과만 따 먹지 말라는 규칙이었어요. 그 규칙을 지키기만 하면 하나님으로부터 받을 수 있는 최고의 선물이 보장되었죠. 하나님이 인간을 언제나 이해하고, 사랑하고, 그와 아름다운 관계를 유지하겠다는 선언이 바로 이 규칙이었답니다.

대부분의 사람들은 선악과를 먹지 말라는 금지 규칙과 그에 따르는 처벌에만 주목해요. 하지만 성경에는 중요한 순서가 있어요. 하나님은 이미 인간의 근본 욕구인 시각과 미각을 동시에 만족시킬 최고의 선물로 각종 나무들을 에덴동산에 완벽히 구비해 놓으셨어요. 보기에도 아름답고, 먹기에도 좋은 온갖 나무가 땅에서 자라게 하신 거지요(창 2:9). 그리고 하나님은 "선악과를 먹지 말라"고 말씀하시기 전에 동산의 각종 나무의 열매를 "마음대로(freely) 먹을 수 있다"고 하셨어요(창 2:16). 그러니까 하나님은 인간의 모든 욕구를 충족시켜 줄 온갖 나무와 열매를 다 만들어 놓으시고, 인간이 원할 때 언제든지 먹고, 또 먹을 수 있는 자유를 주신 거예요. 이 선악과 규칙은 하나님이 인간에게 미리 부여하신 엄청난 자유에 바탕을 둔 것이랍니다.

한 남학생이 정말 마음에 드는 여학생을 몇 날 며칠 쫓아다니다 가 드디어 고백까지 했어요. 그 완벽한 여학생이 이렇게 말해요.

"좋아, 너와 사귈게. 그런데 조건이 하나 있어. 다른 여자애들은 거들떠보면 안 돼."

만약 이 말을 들은 남학생이 "그건 말도 안 되지. 나에겐 무한한 가능성이 있는 걸?"이라고 말한다면, 이 남학생이 제정신인가요?

"아담아, 에덴동산('즐거운 동산'이라는 뜻)에는 너를 즐겁게 할 만한 것들이 어마무시하게 많단다. 끝도 없이 펼쳐진 이 모든 것을 자유롭게 누려도 되는데, 저 나무의 열매만 먹지 말아라. 그러면 내가 이 모든 행복을 완벽하게 유지시킬 거야. 그렇게 해 줄 수 있겠니?"

사랑의 서약을 하고 온전히 한 가정이 되는 결혼 예식에서 신랑이 신부의 손가락에 끼워 주는 결혼반지는 단순한 패물이 아니에요. 마찬가지로 선악과는 아담에게 행복의 약속을 보장해 주는 하나님의 사랑의 '증표'라고 할 수 있어요. 하나님은 우리를 선택의 여지가 없이 하나님께 순종할 수밖에 없는 로봇으로 프로그래밍하지 않으셨고, 막강한 전지전능(全知全能)함으로 인간의 지정의(知情意)를 장악해 아바타로 전락시키지 않으셨어요. 하나님은 가장 단순하고 유일한 사랑의 증표로 선악과를 선물로 주신 것이에요.

안식일과 주일은
어떻게 다르죠?

#유대인 #쉼의_날 #주님의_날

"오늘 우리가 주님이 허락하신 안식일을 맞이해 주일을 범하지 않게 하시고, 우리 교회 모든 성도가 이렇게 주일 성수를 하게 해 주심을 인하여 감사드립니다."

어느 교회 주일 예배 때 드려진 한 장로님의 대표 기도문이에요. '안식일'과 '주일'이 한 기도문에 나란히 등장했죠? 이처럼 우리는 그동안 안식일과 주일의 개념을 혼동해 비슷하게 쓰는 경우가 많았어요.

먼저 '안식일'(安息日, the Sabbath)에 대해 알아볼까요? 안식일은 히브리 주간의 일곱 번째 되는 날로, 금요일 해가 질 때부터 토요일 해가 질 때까지를 말해요. 성경에서 안식일에 대한 첫 기록은 창세기 2장에 나와요.

> 하나님께서 일곱째 날을 복 주시고 거룩하게 하셨습니다. 하나님께서 창조하시고 만드시던 모든 일을 마치시고 이날에 쉬셨기 때문입니다 창 2:3

이처럼 안식일의 일차적인 의미는 하나님이 모든 창조 사역을 마치고 휴식하시며 복되게 하신 날이에요. '쉼'의 날인 안식일은 십계명에서["너는 안식일을 기억하여 거룩하게 지켜라"(출 20:8)] '기억하고 지켜야 할 날'로 의미가 구체화되었어요.

유대인들은 안식일을 구별해 철저하게 지켰어요. 안식일법에서 이날은 다른 날과 구별된 '거룩한 날'(신 5:12)이고 '쉼과 기쁨의 날'(사 58:13)이기 때문이에요. 안식일에는 곡식도 베지 않았어요. 성전에서는 안식일마다 1년 된 흠 없는 어린 숫양 두 마리와 기름 섞은 고운 가루 10분의 2에바의 곡식 제물과 전제물을 함께 드렸어요(민 28:9). 매 안식일마다 진설병을 새로 드렸고(레 24:8), 성전에서 수종 드는 제사장들은 안식일마다 교대했어요(왕하 11:5-9).

안식일을 범하면 신성 모독으로 판단해 사형에 처했으며(출 31:14),

돌을 던져 죽였어요(민 15:32). 만약 잘 모르거나 실수로 안식일을 범했다면 속죄제(sin-offering)를 드려 면제받았어요. 이처럼 안식일에 일하는 것은 안식일법이 금지한 가장 무거운 신성 모독에 해당했어요.

또한 안식일은 만나와도 관련이 있어요. 출애굽 후 광야를 떠돌아다니던 유대인들은 안식일 전날이면 하나님이 내려주신 만나를 평소보다 하루 치 더 모아야 했어요. 안식일에 만나가 내리지 않을 것에 대비한 것이죠. 유대인들은 안식일을 지킴으로써 하나님과 이스라엘 백성, 그리고 하나님과 개인의 언약 관계를 나타냈어요(출 31:13).

지금도 유대인들은 안식일을 상당히 중요한 날로 지키고 있어요. 안식일 전날인 금요일 오전은 유대인 여자들에게 특별히 바쁜 시간이에요. 안식일이 시작되기 전에 해야 할 일이 많거든요. 그들은 우선 집을 깨끗이 청소하는 것으로 금요일 오전을 보내고, 슈퍼마켓에 가서 장을 봐야 해요. 안식일에는 어떤 상점도 문을 열지 않기 때문이에요. 사람들이 안식일에 필요한 물건을 구입하느라 슈퍼마켓은 일주일 중 금요일 오전에 가장 붐빈답니다.

금요일 오후에는 안식일 저녁 만찬을 준비하느라 바쁘고, 남자들이 회당에 입고 갈 세탁된 옷을 준비해 놓기도 해요. 안식일 저녁 식사 시간에 남자들이 회당을 다녀오면 온 가족이 식탁에 둘러앉아서 순수한 밀가루로 만든 '할라' 빵을 포도주와 곁들어 먹으며 만찬을 나누어요. 그리고 창세기 2장 1-3절을 읽어요.

이제는 주일(主日, the Lord's day)에 대해 알아볼까요? 유대인들이 믿는 유대교와 달리 기독교는 이름부터 태생이 다르다는 것을 보여줘요. '기독'(基督)은 본래 '그리스도'의 한자어 음역인 '기리사독'(基利斯督)의 준말로서, '그리스도이신 예수님을 믿는 종교'라는 뜻이에요. 그래서 우리는 성경의 핵심인 예수 그리스도를 거부하는 유대교와 달리 예수님의 십자가와 부활에 기초한 믿음을 가지고 성경이 말하는 바에 따라 성도들에게 지정된 모임과 예배의 날이 '주일'임을 믿고 지키고 있어요.

성경은 주일이 '안식 후 첫날'이라고 말해요. 유대인의 안식일은 토요일이므로 안식 후 첫날은 지금의 일요일이에요. 그러니까 예수님은 정확히 일요일 이른 새벽에 부활하셨어요. 그래서 막달라 마리아는 "그 주간의 첫날 이른 새벽, 아직 어두울 때에"(요 20:1) 빈 무덤을 목격한 것이었어요.

그런데 이미 예수님은 십자가를 지시기 전날 밤인 목요일 저녁, 제자들에게 부활 후 다시 만날 약속의 날을 정해 주셨어요. 그날이 바로 주일(일요일)이었죠. 그러니까 우리가 지키는 주일은 예수님이 부활하신 후 제자들에게 다시 만나자고 하신 약속이 담긴 날이에요. 성부 하나님이 안식일을 정하셨다면, 성자 예수님은 안식 후 첫날을 부활 이후 선택된 백성과의 공식 만남의 날로 미리 정해 놓으신 것이지요.

그렇다면 약속된 그날, 영광스러운 주일 만남에서 예수님과 제자들 사이에는 과연 어떤 일이 있었을까요?

그날, 곧 그 주간의 첫날 저녁에 제자들은 유대 사람들을 두려워해 문들을 걸어 잠그고 모여 있었습니다. 그때 예수께서 오셔서 그들 가운데 서서 말씀하셨습니다. "너희에게 평강이 있을지어다!" 이렇게 말씀하신 뒤 예수께서는 제자들에게 자신의 손과 옆구리를 보여 주셨습니다. 그러자 제자들은 주를 보고 기뻐했습니다. 예수께서 제자들에게 다시 말씀하셨습니다. "너희에게 평강이 있을지어다! 아버지께서 나를 보내신 것처럼 나도 너희를 보낸다." 이 말씀을 하시고 나서 제자들을 향해 숨을 내쉬며 말씀하셨습니다. "성령을 받으라" 요 20:19-22

부활하신 주님은 제자들과의 첫 만남을 통해 앞으로 부활의 주님을 섬길 기독교가 하나님께 어떻게 예배할지, 즉 예배의 핵심을 구체적으로 보여 주셨어요.

첫째, 예배의 핵심은 '주의 임재'예요. 성경은 인류 최초의 주일 모임의 시작을 "예수께서 오셔서 그들 가운데 서서"(요 20:19)라고 표현해요. 진정한 예배가 되려면 예수님이 그 백성 가운데 계셔야 한다는 거예요.

둘째, '평강 기원'이에요. 예수님은 "너희에게 평강이 있을지어다!"(요 20:20)라고 선언하셨어요. 헬라어로 '에이레네'인 '평강'은 이 땅에서 누리는 육체적 안락이나 세상적 형통을 뜻하지 않는답니다.

셋째, '고난에 대한 각성'이에요. 예수님은 제자들에게 자신의 손과 옆구리를 보여 주셨어요(요 20:20). 십자가를 깨닫는 것이 기독교 예배의 진수이자 핵심이에요. 하나님의 아들이 십자가에서 끔찍한 죽음을 당하신 것을 재확인하는 것이죠. 성도는 참된 예배를 통해 주님의 고난의 의미와 이를 통해 얻은 구원의 가치를 제대로 깨닫게 돼요. 성찬식에도, 설교에도, 다른 모든 예배의 요소에도 예수님의 십자가 고난이 담겨야 하는 거예요.

넷째, '성도의 화답'이에요. 십자가가 지닌 고난의 의미를 제대로 인식한 성도에게는 감사를 통과한 기쁨이 찾아와요. 예수님이 손과 옆구리를 보여 주시자 그 자리에서 제자들은 주를 보고 기뻐했어요(요 20:20). 십자가를 통해 구원 얻은 성도의 감격과 기쁨이 바로 하나님께 드릴 수 있는 최고의 화답이에요. 그 기쁨과 감사를 진심으로 표현하는 것이 찬양이랍니다.

다섯째, 다시 한 번 '평강 기원'에 대한 선포예요. 예수님은 "너희에게 평강이 있을지어다!"(요 20:21)라고 또 한 번 반복하시면서 세속의 평강을 넘어서서 십자가를 통해 새롭게 깨달은 참 평강을 소유하라고 강조하셨어요. 참 평강을 소유한 성도는 마음속에 소망이 차오르고 세상을 두려워하지 않는 용기가 생겨요. 어떤 일을 당해도 예수님처럼 부활해 승리할 것을 믿기 때문이죠.

여섯째, '파송'이에요. 예수님은 "아버지께서 나를 보내신 것처럼 나도 너희를 보낸다"(요 20:21)라고 말씀하셨어요. 그리고 오늘 우리에게도 예배를 통해 기쁨과 참 평강을 회복한 성도들은 주님의 명령을 따라 세상에 파송되어야 한다고 말씀하세요.

안식일과 주일은 어떻게 다르죠?

일곱째, '축복의 선언'이에요. 예수님은 제자들에게 "성령을 받으라"(요 20:22)라고 말씀하셨어요. 참 평강을 얻고 부활의 소식을 전하기 위해 파송되는 제자들에게 성령님이 언제나 함께해 주실 것이라는 약속을 해 주셨죠.

그러므로 부활의 날, 주님의 임재 가운데 그분의 고난의 의미를 배우고, 기쁨으로 화답하며, 참 평강을 회복해 파송되는 모든 자, 즉 온전히 주님을 예배하는 모든 사람은 성령님의 은혜로 변함없는 믿음 가운데 승리하며 살 수 있어요. 이것이 바로 안식 후 첫날, 주일에 나타나신 예수님이 앞으로 예수 공동체가 종말의 날까지 드려야 할 주일 예배 가운데 허락해 주신 약속이에요.

예수 부활 공동체인 기독교 교회가 준수해 온 주일은 단순히 쉬는 날, 일요일이 아니라 주님의 날을 기억하고 예배하는 가슴 벅찬 날이에요. 예수님이 부활하신 첫 번째 주일부터 지금의 주일까지 면면히 이어져 내려온 우리 기독교의 아름다운 전통을 잘 지켜 나가야 하겠죠?

**하나님도
이름이 있나요?**

#하느님 #여호와 #BC와_AD

전 세계에 애국가가 없는 나라는 없을 거예요.

"동해 물과 백두산이 마르고 닳도록 하느님이 보우하사 우리나라 만세."

우리나라 국가인 애국가 1절이에요. 아무리 뜨거운 태양이 작열한다 하더라도 면적 107km²의 저 많은 동쪽의 바다(東海, 동해)를 말릴 수 있을까요? 아무리 수많은 사람이 오르락내리락한들 해발 2,744m

의 저 머리가 하얀 산(白頭山, 백두산)이 닳아 없어질까요? 이 모든 일이 가능한 날까지, 즉 영원히 하나님이 우리나라를 보우(보호하시고 도와주심)해 주시니 당연히 우리나라는 만 살(萬歲, 만세)까지 지속되겠죠?

이렇게 의미심장하고 가슴 뭉클한 애국가를 부르다 보면 늘 신경 쓰이는 단어가 하나 나타나요. 바로 '하느님'이에요. 애국가에 나오는 '하느님'이 분명 우리 기독교에서 말하는 '하나님'과 같은 분일 것 같은데 말이에요. 그동안 왠지 찜찜한 마음으로 "하느님이 보우하사"로 애국가를 불렀나요? 이제 성경이 말하는 진짜 하나님의 이름에 대해서 함께 생각해 봐요.

"'하나님'이나 '하느님'이나 이름이 뭐가 중요해요? 다 거기서 거기지!"라고 말하는 친구가 있을 수 있어요. 그 친구에게 이렇게 되물어 보고 싶어요.

"과연 이 세상에서 가장 소중한 자녀의 이름을 대충 지어서 호적에 올릴 부모가 있을까?"

당연히 없을 거예요. 사랑하는 자녀를 향한 부모의 기대와 바람을 이름에 고스란히 담아 낼 수 있고, 이름은 그 사람 자체를 대표하는 상징어이기 때문이에요. 어떤 사람은 부모의 기대와 사랑이 얼마나 크고 깊었던지, 이름의 글자 수가 상상을 초월할 정도로 길어요. 1993년부터는 법규상 성(姓)을 제외하고 호적에 올릴 수 있는 이름의 글자 수를 5자로 제한했기 때문에 이 기록은 앞으로도 깨질 수 없으리라 보여요. 현재 우리나라에서 가장 긴 이름은 '박하늘별님구름햇

님보다사랑스러우리'이고, 그다음으로는 '황금독수리온세상을놀라게
하다'예요. 자녀에게 거는 기대와 애정이 남다른 부모님 덕분에 그들
은 이처럼 재미있기도 하고 특이한 이름의 주인공이 되었네요.

　이름은 그 사람의 본질을 이르는 것이기에 무척 중요해요. 그렇
다면 '우리가 신앙하는 대상의 이름이 무엇이냐'의 중요성은 두말
할 나위가 없을 거예요. 우선 '하나님'을 어떻게 표현하고 있는지 살
펴볼까요? 각국의 성경 번역본을 보면 영어는 '갓'(God), 불어는 '디
유'(Dieu), 독어는 '고트'(Gott), 일어는 '카미사마'(かみさま), 중어는 '샹
띠'(上帝)라고 표현했어요. 우리나라의 경우 개화기에 유입된 기독교
가 중국 한자의 영향을 받아 '천주'(天主)와 '상제'(上帝)로 불리다가 점
차 '하나님', '하느님'이 혼용되는 시기를 거쳤어요. 그러다가 개신교
에서는 '하나님'으로, 천주교에서는 '하느님'으로 구분해 부르는 데
정착하기에 이르렀죠.

　그렇다면 '하나님'과 '하느님'의 정확한 의미를 생각해 보기로 해
요. '하느님'이라는 말은 오래전부터 인간이 경외하며 올려다본 '하
늘'에서 유래한 것으로, '하늘(sky)+님'에서 'ㄹ'이라는 음운이 탈락되
어 '하느님'으로 굳어진 것으로 보고 있어요.

　그런데 '하나님'에 대해서는 대다수의 그리스도인들조차도 '하
나(one)+님', 즉 '오직 한 분, 유일신(神)'으로 오해하고 있어요. 그런데
세종대왕의 명을 받아 수양대군(세조)이 찬술한 불경 언해서《석보상
절》은 15세기 중세 국어의 원형을 그대로 보여 주고 있는데, '하늘'을

'하늘'로 표기했어요. 따라서 원래 '하늘'의 고어가 '하날'(하늘)이기 때문에 하날님이 '하늘님'보다 훨씬 오래전부터 써 오던 표현이라고 할 수 있어요. 따라서 기독교(개신교)가 말하는 '하나님' 역시 '하늘에 계신 님'을 의미하죠.

그렇다면 성경에 나오는 하나님의 본래 이름은 무엇일까요? 성경 전체의 첫 구절인 창세기 1장 1절, "하나님께서 태초에 하늘과 땅을 창조하셨습니다"라는 말씀에 등장하는 '하나님'은 히브리어로 '엘로힘'이에요. '엘'은 '강하다'라는 뜻이고, 장엄형 복수형인 '엘로힘'은 '더 강한 존경과 위엄을 갖추신 분'이라는 의미예요. 하지만 '엘로힘'은 특정한 하나님이라기보다는 일반적인 '신'(神)의 개념으로도 쓰였어요.

그렇다면 과연 다른 신과 구별되는 진정한 신이자 유일(唯一)하신 우리의 창조주 하나님을 가리키는 고유 명칭은 무엇일까요? 우리가 매우 잘 아는 '여호와'(혹자는 '야훼'라고 부름)예요. 아주 오래전부터 여호와의 이름은 인간의 입을 통해 불렸어요.

> 셋도 아들을 낳아 그 이름을 에노스라 했습니다. 그때 사람들이 비로소 여호와의 이름을 부르기 시작했습니다 창 4:26

또한 홍수 이후 노아가 아들 셈을 향해 "셈의 하나님 여호와를 찬송하리니"(창 9:26)라고 말하는 장면이 나와요.

그런데 어떤 시점 이후로 여호와의 이름이 한동안 사라져 버렸어요. 그것은 바로 '바벨탑 사건'이에요. 바벨탑 쌓기를 시도한 인간들은 언어가 혼란하게 되는 벌을 받았고, 마침내 그들의 참 하나님이신 여호와에 대한 기억과 그 이름까지 잊게 되었어요. 하나님에 대한 개념 자체가 오염되고 뒤틀리고 왜곡되어 버린 것이지요.

그곳에서 여호와께서 온 세상의 언어를 혼란하게 하셨기 때문입니다. 그곳에서 여호와께서 그들을 온 땅에 흩으셨습니다 창 11:9

그리고 오랜 세월이 흘러 참 하나님 여호와께서는 자신의 이름을 아브라함이라는 한 개인에게 다시 계시해 주셨어요. 그런데 어처구니없게도 400여 년 동안 이집트에서 종살이를 한 이스라엘은 하나님의 이름을 또다시 망각하고 말았어요. 모세가 처음 여호와 하나님을 만나서 질문하는 장면을 보면 알 수 있죠.

모세는 하나님께 "제가 이스라엘 백성들에게 가서 '너희 조상의 하나님께서 나를 너희에게 보내셨다'라고 할 때 그들이 '그의 이름이 무엇이냐?'고 물으면 제가 뭐라고 해야 합니까?"라고 말했습니다 출 3:13

그때 하나님은 모세에게 "나는 스스로 있는 자다"(출 3:14)라고 하

하나님도 이름이 있나요?

나님 자신의 이름을 천명(闡明)하셨어요(출 3:15).

이와 같이 '여호와'의 이름은 아브라함으로부터 시작해 모세를 거쳐 시간과 공간을 초월한 하나님의 이름으로 확장되어 갔어요. 그리고 온 인류에게 여호와 하나님을 알리겠다는 하나님의 약속은 인류의 역사를 BC(Before Christ, 주전)와 AD(Anno Domini, 주후)로 가르게 되었죠.

이렇게 나는 내 위대함과 내 거룩함을 드러내어 많은 민족들이 보는 앞에서 나를 알릴 것이다. 그러면 내가 여호와임을 그들은 알게 될 것이다 겔 38:23

그 약속은 인간이면서 동시에 하나님이라 불리게 될 놀라운 한 아기의 탄생이었고, 그 아기가 바로 하나님이시라는 놀라운 예언이었어요(사 9:6). 우리 친구들, 눈치챘나요? 그 아기의 이름이 무엇인지 말이에요. 약 2,000년 전, 베들레헴의 말구유에 누워 있던 이 남자 아기는 33년 동안 이 땅에서 사람들과 함께 살았어요. 모든 위엄과 영광이 동등한 천지의 주재이신 여호와 하나님과 한 몸이지만, 모든 영광을 초개같이 버리고 온누리에 진정한 샬롬을 이루기 위해 십자가에 달렸어요. 세상 모든 이름 위에 가장 뛰어난 이름, 세상을 영원히 통치할 전능자의 이름, 바로 예수 그리스도시랍니다.

'예수'라는 이름의 의미는 '여호와께서 구원하신다'예요. 우리 예수님의 이름에는 이미 여호와의 이름이 들어 있었고, 그와 더불어 구원의 하나님이 인간에게 주실 영원한 생명까지 포함되어 있었어요.

재미있는 것은 예수님이 자신을 드러내거나 설명할 때 자주 사용하신 표현이 구약성경에서 여호와 하나님이 즐겨 쓰신 표현인 "나는 스스로 있는 자다"(출 3:14)와 같은 패턴이라는 사실이에요.

나다. 두려워하지 말라 요 6:20

여기서 '나다'라는 말을 헬라어로 '에고 에이미'라고 해요.

이처럼 우리의 무릎을 탁 치게 만드는 하나님의 이름과 모습은 구약성경과 신약성경을 넘나들면서 절묘하게 그 존재감을 '뿜뿜' 뿜어내고 있어요. 이제 가슴 벅차오르는 하나님의 위대한 이름을 알았다면, 그 이름이 의미하는 삶을 사는 일이 우리에게 주어졌겠죠?

방언, 꼭 받아야 하는 은사인가요?

#사투리 #외국어 #하나님의_표적

"뭣이 중헌디~ 뭣이 중허냐고~", "어때유? 맛있쥬?", "고마해라, 마이 무따 아이가.", "밤이 나와~ 물리면 마이 아파~", "내 촌놈이다, 그래도 마음만은 턱별시다." 이 대사들은 영화나 예능 프로그램 등에서 접했던 사투리 즉 방언(方言)이라고 하죠. 한 언어에 있어서 그 하위류에 속하는 변종(變種)을 일컫는 말이 방언인데, 때론 지역과 세대, 계급 차이에 따라 소통이 원활치 않은 불편함도 있지만, 향토적인 친숙함과 전통 유산, 그리고 사회문화적 현상이라는 점에서는 분명히 보존해야 할 가치가 있기도 해요.

그런데 이런 방언이 우리 교회 안에도 깊이 들어와 있다는 사실을 알고 있나요? 교회에 첫 발걸음을 내디딘 초신자들이 받는 큰 문화적 충격 중의 하나가 큰 소리로(통성) 기도하는 것과 생전 듣도 보도 못한 이상한 중얼거림, 바로 '방언 기도'라고 말해요. 한국어도 아닌 것이 외국어도 아니고 "랄랄랄라라~~"가 연속되는 이 소리가 낯설게 느껴진다는 것이죠. 이러한 방언 기도는 기존 성도들 사이에서도 은혜나 성령 충만의 척도로 사용될 정도로 한국 교회에서는 귀한 대접을 받은 것이 사실이에요. 그렇다면 성경에서는 과연 이 방언을 어떻게 바라보고 있을까요?

신약성경인 고린도전서, 로마서, 에베소서, 베드로후서 등 4권의 책은 성령님의 다양한 은사(恩賜, spiritual gift)들에 대해 소개하고 있는데, 그 중에 방언을 언급한 책은 고린도전서가 유일해요. 특별히 사도 바울은 고린도교회 안에서 방언의 정의와 교회를 위해서 어떻게 사용되어야 하는지에 대한 구체적인 행동 지침과 더 나아가 방언이 가진 잠재적 위험 요소들까지도 상세하게 설명하고 있어요. 당시로서는 방언이라는 한 특정 은사가 가진 파급력이 긍정적 측면과 경계의 대상을 다 포괄할 만큼 매우 컸다는 것을 보여주고 있는 것이지요. 또한 방언은 다른 은사들보다 잘못 사용될 가능성이 훨씬 큰 은사였다는 것을 방증(傍證)하는 것이기도 해요.

방언, 꼭 받아야 하는 은사인가요?

수많은 기독교인들이 하나님을 제대로 만나고 싶다는 열망으로 '신비한 체험'을 '하나님의 임재'와 동일시하는 오류를 범하고 있고, '말씀하시는 하나님'을 '느끼게 하시는 하나님'으로 전락시키고 있어요. 이러한 현상은 '효과만 있으면 그 자체로 정당화된다'는 실용주의적 사고(pragmatism)가 교회로 잠식해 들어온 슬픈 결과라고 볼 수 있어요.

기독교의 핵심은 하나님의 말씀을 통해 우리의 전인격에 영향을 미치는 성령님께 순종하는 삶을 사는 것이에요. 곧 기독교의 본질은 기독교가 갖고 있는 진리의 역사성에 기반을 두어야 하는데, 어떤 사람은 '종교가 진리인가 아닌가?'의 여부를 '신비한 체험을 주는가?'에 놓기도 해요. 그런데 이렇게 확실하고 자신의 억눌린 심정을 탁하고 뚫어줄 놀라운 체험을 찾아 교회 문을 두드리는 사람들이 가장 쉽게 획득할 수 있는 방편이 바로 방언이에요.

우리는 체험에 바탕을 둔 진리가 아닌 성경에 비추어 성령의 은사인 이 방언을 바라보아야 해요. 성경은 방언을 두 책, 고린도전서와 사도행전에서 소개하고 있어요. 고린도전서는 바울이 에베소에 약 3년간 머물렀던 AD 55년경에 쓴 책이고, 사도행전은 AD 65년경에 누가가 쓴 책이에요. 따라서 방언이 등장한 최초의 성경은 사도행전이 아닌 고린도전서라고 볼 수 있어요. 성경은 누가가 쓴 사도행전의 '바른' 방언의 모습과 바울이 쓴 고린도전서의 '잘못된' 방언의 모습을 교차 대조해가며 방언의 온전한 모습을 입체적으로 소개해 주고 있어요.

첫째, 사도행전에 나타난 방언의 모습은 '외국어'이자 '상징적인 표적'이었어요.

사도행전에는 네 번의 분명한 방언 사건이 등장해요. 예수님이 승천하신 후 약 10일이 지난 날, 즉 예수님이 부활하신 후 50일이 지난 그 날 예수님이 약속하신 성령님께서 임하셨고, 그 날 마가의 다락방에 모인 사도들과 120명의 성도들은 바람 소리를 통한 청각, 불의 혀를 통한 시각 등 다양한 감각으로 성령님을 경험해요. 그리고 화룡점정(畵龍點睛)격인 방언이 그들의 지성(mind)에 터치되자 그들은 모두 정신이 아득해지게 되었어요.

이것이 바로 그 유명한 오순절(Pentecost) 성령강림 사건이에요. 이 사건을 통해 베드로의 설교를 들은 3,000명이 회개하는 사건이 발생하고, 빌립의 메시지를 들은 사마리아인들이 복음을 받아들이고 회심하게 되요. 또한 베드로와의 극적인 만남에 회심으로 반응한 로마 백부장 고넬료라는 사람도 오순절 사건으로부터 시작되었어요. 이 극적인 세 번의 회심 사건마다 방언이 동반되었는데 공통된 방언의 정의가 적용되고 있었어요.

> 그러므로 방언은 믿는 사람들을 위한 것이 아니라 오직 믿지 않는 사람들을 위한 표적이며 예언은 믿지 않는 사람들을 위한 것이 아니라 믿는 사람들을 위한 것입니다 **고전 14:22**

방언, 꼭 받아야 하는 은사인가요?

여기서 믿지 않는 사람들이란 표적을 특별히 좋아하는 '믿지 않는 유대인'을 가리키는 것이에요. 지나친 선민 사상과 유대인 중심 사상에 갇혀 버려 성령님의 역사를 '믿지 않는 유대인'에게 온 열방을 향한 복음의 의미를 제대로 깨닫게 하기 위한 표적이 바로 '방언'이었던 거지요. 그래서 방언은 반드시 '외국어'여야만 했어요. 그 옛날 창세기 11장의 바벨탑 사건을 통해 혼란해진 인류의 언어를 십자가의 구속과 성령님의 강림 사건을 기점으로 이제는 '한 언어'로 통합시키겠다는 상징적인 표적이 방언이란 거예요.

방언은 이렇게 정확한 언어적 대조를 이루며 바벨탑에 떨어진 하나님의 심판을 의도적으로 역전시키시는 하나님의 회복 사역이라고 할 수 있어요. 이처럼 사도행전에 등장하는 방언은 영적인 세계로 진입하는 특수한 하늘의 언어이기도 하지만 더 나아가 복음의 깊이와 넓음을 사도를 중심으로 한 당시의 유대인들이 제대로 깨닫게 하기 위한 방편으로 보여준 표적이었어요.

둘째, 고린도전서에 나타난 방언의 모습은 은사의 본질을 설명하는 도구였어요.

당시 문화와 상업, 교통의 요충지였던 고린도는 도덕적 타락으로 유명한 도시였어요. 대낮에도 고린도 도심을 당당하게 활보하는 긴 머리 남창들과 아프로디테 신전 주위에 터를 잡고 몸을 파는 제사 의식을 행했던 1,000명의 여사제들이 당시의 고린도를 말해주고 있어요. 플라톤의 책 《대화》에서도 델파이와 도도나의 여사제들이 신도들에게 돈을 받고 신의 직통 계시를 하는 장면이 나오는데, 여사제들이 무아지경의 상태에서 신도들에게 방언으로 예언과 축복을 내리기도 했어요.

이와 같이 이방 사조가 워낙 강력한 시대라 당시 고린도교회도 다양한 문제를 안고 있었는데 그것은 바로 교회 내의 분쟁, 세속화, 거짓 복음의 침투, 부활의 부정, 성찬식의 문제, 여자의 복종, 자유에 대한 잘못된 생각, 결혼 문제, 성도 간의 소송 사건, 성적 타락, 은사에 대한 문제 등이었어요.

성도들이 최애(最愛)하는 말씀인, 고린도전서 13장은 '사랑장'이라는 별칭이 있어요. 그러나 결코 초코라떼처럼 달달한 사랑 이야기가 아니에요. 당시 고린도교회에 만연했던 여러 은사에 대한 오해를 풀고 은사의 본질을 재천명하는 다소 가슴 뜨끔한 내용들이에요.

> 사랑은 오래 참고 친절하며 사랑은 시기하지 않으며 자랑하지 않으며 교만하지 않으며 무례하지 않으며 자기 유익을 구하지 않으며 성내지 않으며 원한을 품지 않으며 불의를 기뻐하지 않으며 진리와 함께 기뻐하고 모든 것을 덮어 주고 모든 것을 믿으며 모든 것을 바라고 모든 것을 견딥니다 **고전 13:4-7**

얼마나 유명한 성구이자 노랫말인가요? 바울이 말하고 싶은 이

방언, 꼭 받아야 하는 은사인가요?

사랑 이야기는 당시 숱한 문제들로 몸살을 앓으며 와해 위기에 처한 고린도교회에게 교회의 본질과 회복을 위해 내려진 권면이자 처방전이었어요. 바울은 새끼손가락의 아픔이 온몸 전체로 전이되듯 교회 안에서 일어나는 작은 신음 소리를 온 교회의 아픔으로 인식해야 한다고 말해요. 바울은 교회 안에 있는 다양한 은사를 잘못 사용해 자기 자신만을 세우려고 할 때, 상대에 대해 오래 참지 않으며 무례히 행하게 되며 자신의 유익만을 구하기에 뜻대로 되지 않으면 화를 내게 된다고 말하고 있어요. 자신이 화를 내는 대상에 대해 악한 것을 생각하며 그가 멸망하기를 바라는 불의에 동참한다고까지 말하고 있어요.

맞아요. 은사의 본질은 철저하게 교회 공동체를 위해서 사용되어야 한다는 것과 그 은사 가운데 오롯이 녹아 있어야 하는 것은 오로지 '사랑'이라는 것을 바울은 말하고 싶었던 거예요. 그래서 바울은 고린도전서 14장을 통해 방언과 예언을 대조시켜 '사랑이 토대가 된 바른 은사'를 사모하라고 강조하고 있어요. 하나님의 사랑을 바탕으로 남을 세우고 돕는 것이 '은사'임을 분명히 말하고 있어요. 따라서 그가 은사를 사모하라는 것은 교회를 더 잘 섬기고 더 잘 세우기를 사모하라는 말과 다름이 없는 것이지요.

또한 성령이 주시는 은사의 가장 중요한 본질 중의 하나는 하나님이 하나님의 뜻대로 주시는 '주권'에 관한 문제예요. 다시 말해서 은사는 우리가 조르고 떼쓴다고 얻을 수 있는 것이 아니라는 거예요. 상당수의 은사주의 기도원이나 방언을 사모하는 그룹에서는 방언을 연습시킬 때 "주여, 주여"와 "할렐루야, 할렐루야"를 무한 반복시키면서 방언을 억지로 유도하기도 해요.

학습이나 훈련으로 체득 가능한 것은 결코 방언도, 성령 체험도 아니에요. 물론 "방언을 하면 기분이 얼마나 좋은지 몰라요. 하나님이 함께 해주시는 느낌이 너무나 강해요"라고 말하며 방언 체험에 집중하는 사람의 마음도 이해가 가요. 어렵고 힘든 삶 속에서 방언이 주는 위로를 모르는 바가 아니에요. 방언 기도를 통해서 오랜 시간 동안 기도할 수 있기도 하고, 못 찾던 기도의 줄기를 발견하기도 하며, 깊은 기도의 세계로 들어갈 수도 있어요.

사도 바울이 고린도전서 12장부터 은사에 대해 설명하면서 고린도전서 13장을 끼워 넣은 이유가 있어요. "아무리 대단한 은사라 할지라도 사랑을 근거로 하지 않으면 모두 헛것이다"라는 것이죠. 아무리 천사의 말을 한다 할지라도 사랑이 없으면, 울리는 꽹과리에 불과하다는 거예요. 만일 방언을 하는 것이 다른 사람을 주눅 들게 하거나 그 방언을 하는 사람 자신이 그것으로 교만해진다면 그것은 하나님이 원하시는 은사가 아니겠지요?

하나님은 아직 계시가 완성되지 않은 상태의 초대 교회에 예언과 방언으로 계시를 주셨어요. 예언은 사람들이 알아들을 수 있었던 계시였고 방언은 사람들이 알아듣지 못하는 계시였죠. 그래서 하나님은 반드시 방언에는 통역을 붙이셨던 거예요. 그래서 바울은 '통역 없는 방언보다는 예언을 하라'고 권고한 거예요. 그렇다고 모든 방언이 다 하나님이 주신 것은 아니었고 예언도 마찬가지여서 방언과 예언은 반드시 교회에서 걸러져야 했던 거예요.

교회에 은사가 주어졌다는 것은 예수님께서 자기의 몸된 교회를 고아처럼 버려두지 않으시고 지금도 하나님의 능력으로 다스리고 계시다는 증거예요. 따라서 누구에게 은사가 임했다는 것은 '성도는 스스로의 힘으로 살아가는 것이 아니라'는 증거가 되는 것이죠. 그런데 자기가 받은 은사를 자랑한다는 것이 얼마나 가당치 않은 일이냐는 것이죠.

기독교는 우리의 기분을 좋게 하거나 황홀감을 주는 종교가 아니라 예수 그리스도를 닮아가는 종교예요. 성령의 은사를 모두 소유하신 유일한 분 예수님께서도 방언을 공공연하게 보여주지는 않으셨어요. 지금도 우리가 기도원 같은 곳에서 외치고 있는 '능력'에 대해서 예수님은 진짜 능력은 '약한 데서 온전해 지는 것'이라고 말씀하세요.

> 그분은 내게 말씀하셨습니다. "내 은혜가 네게 족하다. 왜냐하면 능력이 약한 데서 온전해지기 때문이다." 그러므로 나는 내 약한 것들에 대해 크게 기뻐하며 자랑할 것입니다. 이는 그리스도의 능력이 내게 머물게 하기 위함입니다. **고후 12:9**

결론적으로 방언이라는 은사는 영적으로 하나님과 친밀해지고, 깊이 있는 기도에 도움이 되며 다른 영적인 은사들에 대한 관문 역할을 하는 하나님의 소중한 영적인 선물이긴 해요. 그러나 그것이 자기 자신을 증명하거나 무분별하게 사용될 때, 방언은 더 이상 영적인 선물일 수가 없다는 거지요.

우리에게 진짜 필요한 것은 약함 속에서 도리어 더 빛나는 복음의 능력, 바로 예수님을 더 알아가고(지) 감동하고(정) 닮아가는(의) 거랍니다. 모든 은사의 주체이신 성령님께서는 우리가 예수 그리스도를 믿는 그 순간부터 단 한 순간도 우리를 떠나신 적이 없어요. 완성된 계시인 하나님을 말씀을 통해 지금도 우리를 깨닫게 해주시고, 하나님께 돌이키게 하시며, 주의 길로 인도해 주시기 때문이랍니다.

십일조 떼먹으면
벌 받나요?

#레위_지파 #헌금의_정신 #피_같은_돈

일상에서 만나는 부조리한 대상에 대해 비판하고 조롱하고 싶을 때 우리는 종종 어떤 방법을 사용하나요? 기존의 것을 활용해 뒤틀어 비꼬는 방식인 '패러디'라는 기법을 동원하지요.

> 주 예수를 믿으시오. 그러면 당신과 당신의 집안이 구원을 받을 것입니다 행 16:31

지금도 한국 교회에서 선교회 표어로 사용하고 있는 앞의 유명한 성구가 SNS에서 기독교 조롱 댓글로 패러디된 것을 본 적이 있어요.

"㈜예수를 믿으라! 그리하면 너와 네 집이 9원을 얻으리니 10원은 기대하지 말라! 1원은 십일조니깐~ ㅋㅋ."

이 글을 작성한 네티즌은 기독교의 무엇을 비판하고 싶었던 것일까요? 그는 우리 주 예수님을 '주식회사 예수'로 비꼬았을 뿐 아니라, 죽음에서 생명으로 건져 내는 '구원'을 단 '9원'으로 뒤틀었어요. 돈과 불가분의 관계에 있는 한국 교회를 냉소적으로 일갈(一喝)하는 나름대로의 해학으로 꽉 들어차 있죠. 자신을 비우고 세상을 섬겨야 할 교회들이 자신의 기득권만을 주장하고 맘모니즘(mammonism, 물신 숭배 사상)에 함몰된 현실이기에, 이 패러디는 그저 한 번 씁쓸하게 웃어넘기고 말기에는 너무도 적확(的確)하고 가슴 시린 통찰인 듯해요.

대부분의 교회 재정에서 가장 중요한 수입원 역할을 하는 것이 십일조(十一條, Tithe)임은 누구도 부정하지 못할 거예요. 십일조는 히브리어로 '마아세르'인데, '아사르', 즉 '10분의 1을 바치다'라는 동사에서 나온 말이에요. 십일조는 본래 고대 근동 지역을 비롯한 여러 나라들 사이에 세금을 거둔다든지 강대국에 조공을 바칠 때 쓰인 관습 제도였어요. 남아라비아, 그리스, 로마, 이집트, 심지어는 중국 고전에까지 십일조가 소개된 것을 보면 꽤 오래된 세법이라고 할 수 있죠.

기독교에서는 살렘왕 멜기세덱에게 전리품의 10분의 1을 바친 아브라함의 행위를 십일조의 시초로 봐요(창 14:20). 그런데 이것 역시 아브라함이 갈대아 우르에 있을 때부터 이미 관습적으로 시행했던 것으로 보는 편이 타당해요.

전통적인 십일조 개념은 모세 시대 이후에 율법으로 규정된 십일조 조항에 기초하고 있어요. 모세오경의 십일조 개념은 다른 민족이나 아브라함의 십일조와는 다른 차원의 것으로, 토지 분배와 관련이 있어요. 여호수아가 모세의 뒤를 이어 이스라엘을 인도해 가나안 땅으로 들어오면서 가장 마음을 쓴 부분은 토지 분배 문제였어요. 여호수아서는 '토지 분배 문서'라고 해도 과언이 아니에요. 이스라엘 12지파는 가나안 족속과 전쟁을 치른 후 그 공적에 따라 토지 분배를 받았지요.

그런데 레위 지파는 가나안 땅으로 들어갈 때 성막을 섬기는 일을 해야 했기 때문에 가나안 족속과 싸울 수도 없었고, 토지를 차지할 수도 없었어요. 그래서 이스라엘 12지파에서 토지소산과 가축의 십일조를 모아 레위인들에게 주었어요. 이것이 전통적인 십일조의 유래인 셈이죠.

본래 십일조는 공동체 가운데서 어려운 사람들을 돌보며 서로 이웃 사랑을 나누라는, 참으로 좋은 뜻으로 제정된 아름다운 제도예요. 그런데 역사를 타고 내려오면서 수백 가지 형식적인 규정으로 변질된 '안식일을 지키는 법'처럼, 십일조 역시 그 본래 취지를 벗어나 성도들에게 잘못된 강박관념을 심어 주었어요.

대부분의 교회에서 사용되는 십일조 봉투에는 구약성경의 가장 마지막 책인 말라기 3장 10절 말씀이 씌어 있어요.

"창고에 십일조 전체를 가져다 놓고 내 집에 먹을 것이 있게 하라. 이 일로 나를 시험해 내가 하늘 창문을 열고 너희가 쌓을 자리가 없도록 복을 쏟아붓지 않나 보라." 만군의 여호와께서 말씀하셨다

말 3:10

하나님의 말씀을 본문의 시대적 정황과 달리 교회의 편의에 따라 자의적(恣意的)으로 해석하고 적용한다면, 이는 정말 슬픈 일이 아닐 수 없겠죠? 말라기 3장은 하나님의 백성을 여호와 신앙으로 인도할 책임을 망각한 당시 제사장들을 책망한 말라기 2장의 연장선상에 있는 본문이에요. 하나님이 선지자 말라기를 통해 종교적 의무에 태만한 것은 물론, 심지어 악을 조장하는 역할까지 했던 당시 종교 지도자들을 무섭게 책망하며 주의 강림을 대비하라는 메시지를 주신 것이었답니다. 그러므로 이 말씀은 '십일조를 해야만 복을 받고, 십일조를 하지 않으면 벌을 받는다'는 의미가 아니에요.

구약에서의 제물이 '오실 그리스도'를 상징하는 것이었다면 신약 시대의 헌금은 무엇을 상징하는 것일까요? '오신 그리스도'를 상징하겠지요? 인간의 몸을 입고 이 땅에 오셔서 하나님의 말씀을 완벽하게 순종하신 예수 그리스도, 우리를 영원한 죽음에서 건져 내신 참 제물 예수 그리스도를 상징하는 것이 바로 헌금이랍니다. 그러므로 우리가 헌금을 드린다는 것은 "이것으로 하나님의 일을 돕겠다"며 나서는 것이 아니라 "나는 예수 그리스도로 말미암아 죄 사함을 받고 의롭게 되

십일조 떼먹으면 벌 받나요?

었다"라는 신앙 고백인 거예요.

우리는 저주받아 죽어야 할 사람이었는데, 생명의 속전인 은돈 30에 팔리신 예수님이 죽어야 할 나를 살리셨어요. 그래서 이제 나는 예수님 것이 되었죠. 이제 나라는 존재는 내 것이 아니기 때문에 더 이상 소유권을 주장할 수가 없어요. 그래서 하나님께 나를 다 드리게 되는 거예요. 그것을 가리켜 성경은 '순종'이라 하고, '항복'이라고도 부르죠. 이처럼 하나님의 은혜와 예수 그리스도의 십자가의 의미를 올바르게 깨달은 사람은 자신을 하나님 앞에 쳐서 복종시키게 돼요. 거기에서 순종의 삶이 나오고, 헌금이 나오고, 자신의 것을 비워 남을 살리는 구제와 봉사가 나오는 거랍니다.

그러므로 헌금 액수의 많고 적음은 결코 중요한 것이 아니에요. 예수 그리스도라는 참 제물에 의해 내가 구속되었다는 믿음에 근거한 헌금인가가 중요한 거예요.

"하나님, 저는 이제 하나님만이 저의 힘이요, 소망이시라는 것을 알기에 이 세상 사람들이 자신의 목숨처럼 여기는 돈을 하나님 앞에 바칠 수 있어요."

이것이 바로 헌금의 정신이에요. 그동안 우리 친구들은 어떤 자세와 마음으로 헌금을 드렸나요? 동냥하는 거지한테 주듯이 그저 주머니에 들어 있는 돈을 꺼내서 내놓지는 않았나요? 헌금은 하나님께 자신의 신앙 고백과 함께 자기 자신을 드리는 거예요.

그러한 신앙 고백 없이 하나님께 소액을 투자하고 많은 배당금을 받겠다는 심사로 헌금을 하는 사람들을 가리켜 성경은 '적게 심는 사람'이라 말해요. 반면 "저는 하나님의 것이므로 저를 하나님께 드립니다"라는 신앙 고백과 함께 헌금을 드리는 자를 '많이 심는 사람'이라고 하죠. 그러므로 누군가가 이야기하는 것처럼, "헌금을 적게 하면 하나님이 적게 보답하시고, 헌금을 많이 하면 하나님이 많은 것으로 보답하신다"는 식으로 이 구절을 오해하면 안 돼요.

하나님은 우리의 돈이나 도움이 필요한 분이 아니세요. 혹시 그동안 예수님이 보여 주신 오병이어의 기적을 '만약 내가 하나님께 오병이어같이 적은 물질이라도 순종해서 정성껏 바치면 하나님이 그 돈을 잘 굴려서 크게 쓰실 거야. 그러면 그 오병이어를 바친 사람은 큰 축복을 받겠지?' 하며 오해했나요? 그런 축복은 없어요.

사실 헌금을 하면 할수록 경제적으로는 분명히 손해가 나요. 하나님이 투자 금액을 몇 배로 부풀려 갚아 주실 것이라는 기대는 애당초 하지 마세요. 그럴 심산으로 헌금을 하는 것이라면 좋은 재테크 상담사를 찾아가는 편이 훨씬 나아요. 우리가 헌금을 드리는 것은 "하나님, 저는 돈으로 사는 사람이 아닙니다. 하나님의 말씀으로 사는 사람입니다"라는 고백을 하는 거예요.

그렇다면 십일조도 마찬가지예요. "십의 일조가 뭐 그리 대단한가요? 십의 십이 다 하나님 것인데요." 이렇게 말하는 사람들은 십일조를 하면서 자랑하거나 누가 알아주지 않는다고 실망 따위는 하지 않아요. 나와 하나님 사이의 달달한 신앙 고백에 왜 남의 눈을 의식하는 어리석은 행위를 끼워 넣나요?

헌금은 신앙 고백으로 드릴 때만 즐겨 낼 수 있어요. 아니면 아까워서 그 피 같은 돈, 절대 하나님께 드릴 수 없어요. 혹시 아직 복음의 은혜를 제대로 깨닫지 못한 채 인색한 마음으로 헌금을 하는 친구들이 있나요? 그렇다면 차라리 솔직하게 헌금을 멈추세요. 그런 마음이라면 헌금을 안 하는 편이 나아요.

'이 피 같은 돈을 내가 교회에다 바쳤는데 목사도 나를 안 알아주고, 하나님이란 작자는 나를 왜 안 도와줘?'

이렇게 생각하는 것이야말로 죄예요. 또한 헌금을 하면서 '이 돈이면 하나님께 꽤 도움이 되겠지?'라는 생각을 하고 있다면, 그것도 큰 오해예요.

이제 우리는 십일조를 넘어서야 해요. 하나님은 십일조 정도가 아니라 우리의 생명을 요구하세요. 하나님이 우리에게 영생을 복으로 주셨기에 우리는 그분께 영생의 십일조를 드려야 한답니다. 하나님은 우리가 우리의 목숨까지도 자발적으로 하나님께 바칠 수 있는 순종의 사람이 되기를 요구하세요. 하나님이 우리를 예수 그리스도로 사셨기 때문에 우리의 전부를 원하시는 것이지요. 나를 향해 아들이요, 딸이라 불러 주시는 하나님이 계시기에 이제 내가 사는 모든 삶이 하나님의 것이 되고, 나의 소유 전부 또한 그분의 것이 되는 거예요.

헌금을 하고, 안 하고를 따지기 전에 먼저 자신 안에 예수 그리스도가 계신지를 확인해야 해요. 그리고 예수 그리스도로 인해 내가 하나님께 전적으로 순종할 준비가 되어 있는지를 살펴보아야 해요. 우리 하나님은 당신의 사랑하는 자녀가 헌금을 안 했다고, 십일조를 떼먹었다고 엄벌을 내리시는, 쩨쩨한 신(神)이 아니시랍니다.

세례는
꼭 받아야 하나요?

#물 #성령 #죽음 #그리스도와의_연합

국내 최고(最古) 개인 서정시가이자 수능에서도 빈출도가 높은 작품이 있는데, 바로 고대가요 "공무도하가"(公無渡河歌)랍니다.

그대여, 물을 건너지 마오.
그대 결국 물을 건너셨도다.
물에 빠져 돌아가시니,

가신 임을 어이할꼬.

전체가 고작 4행밖에 안 되는 매우 짤막한 이 노래는 백수광부(白首狂夫, 머리가 하얀 미친 남자)의 아내가 지었다고 전해 오는데, 이 노래의 주제는 이별의 아픔이에요. 여기서 가장 중요한 소재를 꼽으라고 한다면 다름 아닌 '물'이라고 할 수 있어요. 무려 3회나 등장하는 물은 각 행마다 제각기 다른 의미를 지니고 있어요. 1행의 물은 '사랑'을, 2행의 물은 '이별'을, 3행의 물은 '죽음'을 의미하죠.

우리 친구들은 물 하면 어떤 이미지가 떠오르나요? 깨끗함, 맑음, 순수함, 투명함, 생명 등이 떠오를 거예요. 이처럼 물은 어떤 존재를 깨끗하고 정결하게 하는 존재죠. 성경에는 물과 함께 나란히 등장하는 중요한 존재가 있어요. 누구일까요? 바로 성령이세요.

물과 성령 하면 생각나는 장면이 있지요? 구약성경에 나오는 노아의 홍수 사건이죠. 그때 코로 숨을 쉬며 살던 모든 것이 죽었어요. 모든 죄인이 물에 빠져 죽었고, 하나님이 택하신 자들만 방주에 담겨 살아났죠. 이것이 바로 '정결하게 하는 것'이에요. 즉 정결하게 한다는 것은 단순히 더러워진 것을 씻거나 고치는 정도가 아니라 아예 죄를 죽여 버리는 것을 의미해요.

이처럼 물과 성령으로 거듭난다는 것은 죄에 대해 죽고 성령에 의해 다시 살아나는 것을 말한답니다. 그것을 우리는 '재창조' 혹은 '새 창조'라고 불러요. 그래서 세례는 하나님의 주권과 섭리로 구원을

세례는 꼭 받아야 하나요?

얻은 자들이 "저는 하나님의 은혜로 죽고 다시 살아났어요"라고 신앙을 고백하는 가장 중요한 기독교 예전(禮典, sacrament) 중 하나예요.

세례는 그리스도 안에서 신앙을 고백하는 성도와 그 자녀에게 베푸는 거룩한 예식이에요. 예수님의 십자가 은혜로 죄를 용서받았음을 믿고 세례를 받음으로써 거듭난 하나님의 자녀 됨을 경험하는 것이죠. 또한 모든 삶의 영역에서 주 예수 그리스도와 연합한 존재로서 빛과 소금의 역할을 감당하는 사람이 되겠노라고 세상에 선포하는 것이에요.

혹시 엄마 배 속에 있을 때부터 교회를 다닌 모태 신앙인인가요? 그렇다면 어렸을 때 받았던 유아세례 이후 본인 스스로 신앙을 고백할 수 있는 때(만 15세 전후)에 교회가 정한 입교 문답과 다음과 같은 신앙 고백을 함으로써 세례식의 과정을 통과해야 해요.

"주님! 그동안의 제 인생은 잘못되었습니다. 이제 세례를 통해 그리스도의 죽으심과 연합해 그리스도와 함께 죽고, 그리스도의 부활하심과 연합해 그리스도와 다시 사는 인생이 되었습니다. 세례식을 통해 제 인생을 고쳐 주시고, 제 인생의 방향을 바로잡아 주세요."

그리스도와 연합해 세례를 받은 우리는 모두 그리스도의 죽으심과 연합해 세례를 받은 줄을 알지 못합니까? 그러므로 우리는 그리스도의 죽으심과 연합해 세례를 받음으로써 그분과 함께 묻혔습니다. 이는 그리스도께서 아버지의 영광으로 인해 죽은 자들 가운데서 살리심을 받은 것처럼 우리도 또한 새 생명 가운데서 살게 하려는 것입니다. 우리가 그리스도의 죽으심과 같은 죽음으로 그분과 연합한 사람이 됐다면 분명히 우리는 그리스도의 부활하심과 같은 부활로도 그분과 연합한 사람이 될 것입니다 **롬** 6:3-5

이처럼 세례 의식은 모든 죄에서 용서받고, 구원받고, 거듭난 '새 사람'이 되었다는 표징이자, 하나님과 화목하고 믿음으로 의롭게 되어(以信稱義, 이신칭의) 마침내 주님의 완전한 소유가 되었다는 확증이에요. 비로소 여호와를 "내 아버지"라고 부르며, 하나님이 '내 아버지'가 되시고 내가 그분의 자녀가 됨을 스스로 확인하고 교회 공동체에 공포하는 감격스러운 순간인 것이죠. 세례는 참된 그리스도인의 첫걸음을 내딛는 가슴 벅찬 기독교 의식이랍니다.

왜 기독교는
제사를 지내지 않죠?

#절 #순환적_세계관 #직선적_세계관

　중학생 때부터 가족 중에 혼자 교회를 다니는 친구가 있어요. 이 친구는 얼마나 신앙이 좋은지 예배 시간에 찬양 인도도 하고, 다양한 학생회 활동을 주도하는 등 리더십이 뛰어나고, 인기도 참 많아요. 학교생활도 성실히 해서 성적이 좋아요. 아무튼 다들 부러워하는 친구랍니다.

　그런데 이 친구는 1년에 몇 차례 큰 곤혹을 치러요. 명절과 2개월에 한 번씩 찾아오는 집안 제사 때문이에요. 부모님도 교회를 다니지 않고, 친척 어른들도 하나같이 비그리스도인들이어서 이 친구가 제사상 앞에서 절을 하지 않는 것이 절대로 용납되지 않아요.

급기야 어느 해 추석에 사달이 나고 말았는데, 이 친구가 절을 하지 않겠다고 결연하게 버티자 작은아버지가 뺨을 때린 거예요. "집안 장손이 어디서 뿌리도 없는 천박한 서양 종교를 믿어 조상을 섬기지 않느냐"면서 말이죠.

이 친구의 사례를 통해 그리스도인이 명절이나 제사 때 죽은 조상을 기억하며 절을 하는 것에 대해 한 번 생각해 볼까요?

커다란 보름달을 보며 송편을 먹는 풍성한 추석은 생각만 해도 마음이 풍요로워져요. 새롭게 뜨는 태양을 보며 떡국을 먹는 설날 또한 민족 최대의 명절로, 한가위와 함께 흩어졌던 온 가족이 함께 모여 즐거운 시간을 보내는 날이죠.

많은 사람이 추석이면 보름달을 보면서, 설날이면 일출을 보면서 소원을 나열하곤 해요. 이러한 관습을 통해 명절이 우리 민족의 종교성과 밀접히 관련되어 있음을 알 수 있어요. 그래서 예로부터 명절에는 과분할 정도로 음식을 잘 차려서 조상님들을 정성껏 모시는 차례(茶禮)를 지내 왔답니다. 조상이 돌아가신 날을 추모해 밤에 드리는 제사와 더불어 차례는 명절 아침에 드리는 매우 중요한 의식이에요. 효에 기반한 조상 숭배 사상이 뿌리 깊게 자리 잡은 풍속이라고 할 수 있죠.

그런데 기독교는 제사를 부정하고 절을 하지 않는다고 해서 간혹 집안에 종교 갈등이 있는 모습을 보게 돼요. '조상도 못 알아보는 서양 종교가 우리의 전통 문화를 배격한다'고 오해하는 분도 계세요. 과연 기독교는 조상을 부정하고 제사를 철폐하는 폐륜적인 종교일까요?

결론부터 말하자면, 그렇지 않아요. 기독교야말로 제사의 종교라고 할 만큼 구약성경에 많은 제사가 나오죠. 가장 대표적인 5대 제사가 번제, 소제, 화목제, 속죄제, 속건제이고, 제사 방법에 따라 화제, 요제, 거제, 전제 등 매우 세분화되어 있어요. 이런 제사 의식을 집전하는 제사장은 매우 중요한 사람이었죠. 이처럼 기독교는 조상의 조상으로 계속 거슬러 올라가면 만나게 되는 진정한 조상이신 하나님을 섬기고 숭배하는 제사를 매우 중요하게 여기는 종교라고 할 수 있어요.

그렇다면 기독교의 제사와 전통 유교의 제사 간에 충돌하는 근본적인 원인은 무엇일까요? 바로 '사람은 죽은 후에 어떻게 되느냐?'에 따른 입장 차이 때문이에요. 사람은 죽고 나면 과연 어떻게 될까요?

기독교는 천국과 지옥으로 바로 나뉘어 간다는 직선적 세계관인 반면에, 유교적 전통 사상은 조상신을 현세에 인정하는 순환적 세계관을 지니고 있기 때문에 제사가 매우 현실적이에요. 예를 들면, 조상님이 제사상에 와서 식사를 하신다고 생각하는 거예요. 음식 위에 숟가락과 젓가락을 올려놓는 것도 그런 맥락에서죠.

기독교는 음식을 차리고 조상을 생각하되, 하나님께 예배를 드리는 추모 예배의 형식으로 명절 제사를 지내요. 하지만 기독교는 제사상 앞에서 조상님께 절을 하는 것에는 동의할 수 없는 입장이랍니다. 절을 하는 행위가 직선적 세계관과의 정면충돌을 의미하기 때문이에요.

이런 종교적, 관습적 갈등은 사도 시대에도 있었어요. "이방 민족이 이방 신에게 드린 제사 음식을 어떻게 해야 하느냐?"가 당시 첨예한 문제였죠. 먹어도 아무 상관없는 우상 제물 문제에 대해 사도 바울은 어떤 개인적 처방을 내렸을까요?

바울은 무엇을 먹어도 아무 상관이 없다는 것을 잘 알고 있었으나 복음을 위해 기꺼이 절제했어요. '복음만 전해진다면 고기 한 점 덜 먹는 것이 무슨 문제가 있겠는가?' 하고 생각했던 것이죠. 올바른 지식을 바탕으로 남을 배려하는 사랑으로 나아가는 것이 중요하다는 의미겠죠?

제사상 앞에서 절을 하고, 안 하고는 매우 중요한 문제예요. 첨예한 갈등을 극복하고 신앙을 지키기 위해 절을 안 하기란 정말 쉽지 않은 일이에요. 하지만 갈등 상황에 지나치게 초점을 두기보다 가족을 더 깊이 사랑하고 먼저 섬기는 모습으로 명절을 보낸다면 어떨까요? 그러면 다른 가치관의 간극이 다소 메워지지 않을까요?

천사도
숭배할 수 있나요?

#도민준 #스랍_그룹 #미가엘 #가브리엘

유럽 여행을 가면 온갖 다양한 천사들로 치장된 웅장한 성당 건물과 예술 작품들이 정말 인상 깊어요. 귀엽고 깜찍한 아기 천사부터 거대한 전쟁의 천사에 이르기까지, 사뭇 사람들과 비슷하기도 하고 신적인 존재 같기도 한 천사들은 정말 신기하지요.

우리 친구들은《해리 포터》나《반지의 제왕》같은 판타지 소설에 매료되기도 하고, 외계에 사는 생명체나 우리나라 고전 문학에 나오는 신선, 선녀에도 관심을 갖게 될 수 있어요. 눈에 보이지 않으시는 하나님이나 성령님, 또 지금은 이 세상에 계시지 않은 예수님을 믿자니 쉽지 않죠. 우리에게 친숙한 천사를 믿고 숭배해도 되는지 궁금해하는 친구들도 있을 거예요. 또 성경이 말하는 천사는 어떤 모습인지도 궁금하고요.

"천사인가, 외계인인가? 1609년 9월 25일 지구 밖 저편에서 조선 땅에 떨어져, 무려 404년 동안 지구에 살면서 처음 왔을 때와 똑같이 젊은 모습 그대로 살고 있는 대학 강사. 매의 시력, 늑대의 청력, 놀라운 속도로 이동할 뿐만 아니라, 누군가의 가까운 미래에 일어날 일까지도 미리 본다. 지구를 떠날 그날까지 고요하고 품격 있으며 누구에게도 방해받지 않으면서 살 요량으로 자신이 가진 모든 능력을 철저히 숨기고 절대로 쓰지 않는다."

몇 년 전 시청자들에게 큰 호응을 얻었던 드라마 〈별에서 온 그대〉의 주인공 도민준에 대한 설명이에요. 다른 별에서 온 외계인 역할을 맡은 김수현 씨는 우리나라 전래 민담의 선녀 이야기나 서양 문학의 단골손님인 천사 이야기의 현대판 스토리텔러로서 큰 인기를 누렸죠.

그런데 궁금하지 않나요? 정말 우리와 비슷한 모습의 외계 존재가 있을지 말이에요. 성경에는 영적인 존재이지만 사람처럼 지(知), 정(情), 의(意)를 가진 인격적인 존재로 하나님이 만드신 천사가 등장해요. 천사는 사람과 같은 몸은 없으며, 성(性)의 구별도 없어서 결혼하지 않으며, 불멸의 존재랍니다. 필요에 따라서 사람이나 동물의 모습으로 나타나기도 하며, 사람과 대화하기도 해요. 천사는 큰 능력과 지혜를 가졌지만 하나님처럼 전지전능한 존재는 아니며, 그 수가 엄청나게 많아서 군대처럼 조직화되어 있어요.

하지만 하나님은 천사는 사람에게 경배의 대상이 될 수 없다고 확실하게 금을 그어 놓으셨어요. 사람은 하나님의 자녀이고, 천사는 하나님의 종이기 때문이죠. 사실 '천사'(天使)라는 말 자체가 하나님이 부리시는 심부름꾼이라는 뜻이잖아요.

천사들의 역할은 아주 명확해요. 주로 하나님을 섬기고, 하나님의 명령을 따라 봉사하는 일을 해요. 그중에서도 가장 중요한 일은 하나님의 백성을 섬기고, 보호하고, 인도하는 일이에요. 그렇기 때문에 성도들이 들어야 할 하나님의 뜻이나 심판을 전달하고, 성도들이 드리는 기도를 하늘로 올리는 일과 교회를 보호하는 일을 하죠.

성경은 천사를 '스랍'(Seraphs, 세라핌)과 '그룹'(Cherubim, 케루빔)이라는 말로 표현하고 있어요.

우선, 스랍은 '불타는 자들'이라는 뜻을 가지고 있어요. 이사야서에서 이들은 여섯 날개가 있어 두 날개로는 자기 얼굴을 가리고, 두 날개로는 발을 가리고, 두 날개로는 하늘을 날면서 "거룩하시다! 거룩하시다! 거룩하시다! 만군의 여호와여! 그분의 영광이 온 땅에 가득하시다"(사 6:3) 하면서 하나님을 찬양하는 것으로 묘사되어 있어요.

또한 그룹도 천상의 존재로서, 특정한 계급의 천사를 가리킨다고 보면 돼요. 하나님은 타락한 아담과 하와를 에덴에서 쫓아내신 뒤 생명나무를 지키도록 에덴 동편에 그룹을 세우셨어요. 또한 하나님은 이스라엘 백성과 소통하기 위해 만들라고 하신 성막 안에 놓을 법궤의 덮개와 성소와 지성소를 구별하는 휘장에 그룹을 수놓게 하셨어요. 솔로몬 성전에도 종려, 꽃과 함께 그룹이 새겨졌는데, 이는 하나님의 임재하심과 보호하심을 의미했어요. 에스겔 선지자가 본 그룹의 모습은 이러해요. 사람, 사자, 소, 독수리의 네 얼굴과 네 날개를 가지고 있으며, 때로는 여섯 날개를 가지고 있어요.

스랍과 그룹이 천사의 정체를 밝힌 것이라면, 성경에 구체적으로 실명이 공개된 대표적인 천사 둘이 있는데 소개해 볼게요. 바로 천사장 가브리엘과 미가엘이에요. 우선, 가브리엘 천사장은 처녀 마리아에게 나타나 예수님의 동정녀 탄생 메시지를 전해 주는 등 기쁜 소식을 전하는 '메신저'(사자) 이미지가 강해요. 반면에 미가엘 천사장은 하나님을 위해 악에 대항해 싸우는 '전사'(戰士)의 이미지가 강하죠. 그래서 많은 사람이 가브리엘을 온화한 '계시의 천사'로, 미가엘을 무서운 '힘의 천사'로 보기도 한답니다.

우리는 얼굴이 예쁘거나 마음씨가 고운 사람을 가리켜 '천사 같다'는 표현을 쓰곤 해요. 이제 천사에 대해 이해한 만큼 더 구체적인 비유를 써 보면 어떨까요? 세상을 슬프게 하는 나쁜 소식이나 악을 보면 의로운 분노를 품고 정의를 위해 애쓰는 사람에게 '미가엘 같다'고 표현해 보세요. 한편 세상을 행복하게 하는 기쁜 소식을 전하면 '가브리엘 같다'고 말해 보세요.

천사도 숭배할 수 있나요?

욱하는 성격,
조절이 안 돼요

#조련사 #십자가 #온유의_본체

친구들 중에 평소에 화를 잘 내거나 짜증을 자주 부리는 편이 아
닌데, 가끔 누군가 놀리거나 건들면 자기도 모르게 욱하는 성격이 나
와서 심한 욕설과 함께 폭력을 행사하는 경우가 있나요? 그럴 때면
장난쳤던 친구들이 무척 당황하게 되죠. 모르긴 몰라도 자기도 속으
로는 그 상황이 엄청 당황스러울 거예요. 마음은 그렇지 않은데, 순간
적으로 통제력을 잃어버리고 야수 같은 본능이 나올 때면 죽고 싶을

정도로 자신이 밉고 싫을 거예요. '여자들은 매너 있고 마음이 따뜻한 남자를 좋아하는데, 여자 친구를 제대로 사귈 수 있을까?' 하는 고민도 많을 것이고요. 욱하는 성격은 타고난 것이라 고칠 수 없는 것일까요? 아니면 훈련을 통해 바꿀 수 있을까요?

언젠가 중국 광저우에 있는 한 놀이동산에서 세계적인 서커스를 본 적이 있어요. 가장 인상적이었던 장면은 뭐니 뭐니 해도 동물 쇼였죠. 원숭이, 코끼리, 홍학, 사자, 호랑이, 말, 곰, 돌고래, 펭귄, 독수리까지 육·해·공을 대표하는 온갖 동물이 총동원되어 조련사와 함께 멋진 공연을 성공적으로 치러 내더군요. 관객들은 관람 내내 환호성과 박수로 공연을 칭찬했죠. 솔직히 말하면 그렇게 훈련시키느라 얼마나 고생했겠느냐는, 조련사에 대한 격려의 박수였던 것 같아요.

'길들여진 야생동물의 성질'을 일컫는 그리스어를 '프라우테스'라고 해요. 갈라디아서 5장 23절에 나오는 '온유'가 바로 이 단어를 쓰고 있죠. 그 동물 쇼는 한마디로 '프라우테스 파티', '온유의 향연'이었던 거예요.

모든 그리스도인은 노련한 조련사이신 하나님의 손에 붙들려 훈련되어 가는 존재라고 할 수 있어요. 영성 훈련은 다른 것이 아니에요. 조련사 하나님에 의해 내 인격이 다듬어져 가는 온유 훈련, 인격 훈련, 언어 훈련이죠.

호기심이 강한 청소년에게 추천하고 싶은 19금 성경책이 있어요. 바로 사사기인데, 한 편의 잘 짜인 '막장 잔혹 스릴러물'이에요. 살인, 불륜을 비롯한 온갖 잔인한 폭력과 타락이 고스란히 폭로되어 있어요. 도대체 왜 사사 시대 때 그토록 끔찍한 타락과 패역이 곳곳에서 일어났던 것일까요? 성경은 그 이유를 이렇게 말하고 있어요.

> 그 시절 이스라엘에는 왕이 없었기에 모두가 자기 보기에 옳다고 생각하는 대로 행동했습니다 삿 17:6

이 말씀은 사사기 21장 25절에 또 한 번 등장해요. 왜 성경은 2회에 걸쳐서 똑같은 내용을 말했을까요? 하나님의 절규가 반복된 것이죠.

지금 우리의 모습을 확인해 봐요. 조련사에 의해서 잘 훈련되었는지, 야생성이 펄펄 살아 있는 야수인지 말이에요. 우리는 태생적으로 조련사를 부담스러워하는 존재예요. 우리 마음에서 왕이신 하나님을 몰아내 버렸기 때문이지요. 하나님은 한낱 내가 살아가는 이 세상에서 내가 받아야 할 축복을 가져다주는 수단일 뿐, 여전히 내 인생의 왕은 나이기 때문이에요. 이것도 좋고 저것도 좋은 포스트모더니즘과 다원주의가 내 인생을 잡아먹었기 때문에 "귀찮은 조련사 따윈 필요 없어. 내 왕은 나일 뿐이야!"라고 소리 지르고 있는 것이죠.

몇 년 전 한 동물원에서 자신이 사육하던 맹수에게 공격을 당해 목숨을 잃은 조련사에 대한 기사를 본 적이 있어요. 얼마나 안타깝던지! 그런데 이보다 더 안타까운 사연을 가진 한 조련사를 소개할까 해요.

그분은 모욕을 당하셨으나 모욕으로 갚지 않으셨고 고난을 당하셨으나 위협하지 않으셨고 공의로 심판하시는 분에게 자신을 맡기셨습니다. 그분이 친히 나무에 달려 자기 몸으로 우리의 죄를 짊어지셨으니 이는 우리가 죄에 대해 죽고 의에 대해 살게 하시려는 것입니다. 그분이 채찍에 맞음으로 여러분이 나음을 얻었습니다. 여러분이 전에는 길 잃은 양과 같았으나 이제는 여러분 영혼의 목자 되시며 감독자 되신 분에게로 돌아왔습니다 벧전 2:23-25

그 조련사는 바로 예수님이세요! 역사상 예수님처럼 욕을 많이 먹은 사람이 있을까요? 종려나무 가지를 흔들며 "호산나, 호산나!" 외쳤던 군중은 힘없이 십자가형을 당하시는 예수님께 욕설을 퍼부어 대기 시작했어요. 조롱하고 침을 뱉었고, 마침내 세상에서 할 수 있는 저주란 저주는 다 퍼붓고 소리 지르며 집으로 돌아가 버렸어요. 예수님은 이 모든 것을 직접 다 담당하셨어요. 그리고 오직 하나님께 모든 것을 맡겨 드린 채 친히 나무에 달리셨어요. 그 몸으로 우리의 모든 죄를 담당해 주신 것이지요.

당장이라도 십자가에서 내려와 욕한 사람, 조롱한 사람, 침 뱉은 사람, 창으로 찌른 사람, 가시 면류관을 씌운 사람을 응징하실 수 있었지만, 사랑의 본체이신 예수님은 그대로 운명하셨어요. 그래서 십자가는 온유의 결정체예요.

우리가 아직 죄인이었을 때 그리스도께서 우리를 위해 죽으심
으로 하나님께서는 우리에 대한 그분의 사랑을 나타내셨습니다

롬 5:8

우리는 온유의 본체이신 예수님, 생명의 빵(떡)이신 주님을 매일
먹어야 해요. 매일 그분을 먹는 방법은 날마다 말씀을 읽고 기도하는
거예요. 그러면서 점차 예수님을 닮은 사람으로 체질이 바뀌어야 해
요. 아무리 노력해도 예수님처럼 될 수는 없겠지만, 그분의 영이신 성
령의 충만함을 입어 그분의 인격을 닮아 갈 수는 있답니다.

예수님께 욱하는 성격이 조절되지 않는 자신을 맡기세요. 그리고
느리지만 변화되리라는 확신을 가지세요.

내 꿈일까요, 하나님의 꿈일까요?

#진로 #직업 #하나님의_비전

우리 친구들은 진로에 대해 고민이 많을 거예요. 고등학교 1학년에서 2학년으로 올라가게 되면 문과로 갈지, 이과로 갈지, 혹은 예술 분야로 갈지 선택의 기로에 서게 되죠. 어릴 때부터 자신의 장점과 재능을 잘 파악해서 진로를 정하면 좋지만, 대부분의 학생들은 부모님이 정해 주는 길을 가게 되는 경우가 많을 거예요. 아니면 자신이 좋아하는 것과는 상관없이 취업이 잘되거나 전망이 좋다는 이유로 진로를 결정하기도 하죠.

자신의 진로를 놓고 하나님께 진지하게 여쭙고 기도하는 학생은 지혜로워요. 하지만 아무리 기도해도 자신이 가려는 길이 하나님이 주신 비전인지, 아니면 자기 욕심이나 야망, 유행을 따르는 것인지 몰라서 답답하죠? 도대체 이 둘을 어떻게 구별할 수 있을까요?

어떤 학생은 자신의 꿈이 건물주가 되어 월세 받아 사는 것이라고 말하더군요. 할아버지의 삶이 아주 편안하고 여유로워 보였다면서요. 젊음과 패기의 상징인 청년이 땀 흘려 일하지 않고 젊은 나이부터 주어진 부로 편안히 사는 것이 꿈이라면 너무 슬프지 않나요?

무엇보다 먼저 하나님께 치열하게 자신의 진로에 대한 고민을 여쭙고 점검하고자 하는 학생은 자신과 자신의 삶을 매우 사랑하는 사람이라고 할 수 있어요. 그런 사람은 자신의 인생을 허비하지 않고 하나님을 기쁘시게 하는 삶을 살기 원하는 마음을 가지고 있는 거예요.

자신이 가려는 길이 하나님의 뜻에 합당한지 알아보는 몇 가지 자기 확인 방법이 있어요. 머릿속으로 자신의 꿈과 소원을 떠올리면서 살펴보세요.

첫째, 그 일이 '간절한 소원'인지 점검해 봐야 해요.

여러분 안에서 하나님의 기쁘신 뜻에 따라 결단하게 하시고 행동하게 하시는 분은 하나님이시기 때문입니다 빌 2:13

그 일을 하면 정말로 행복할 것이라고 생각되는 일, 일생을 바쳐도 후회하지 않을 일이 무엇인가를 스스로에게 묻고, 성령님께 여쭈어 보세요. 이때 돈이나 사회적 인정이 기준이 되어서는 안 돼요.

둘째, 하나님이 원하시는 '선한 소원'이어야 해요.

> 의인의 소원은 선한 것뿐이지만 악인이 기대할 것은 진노뿐이다
> 잠 11:23

만약 내가 하려는 일이 다른 사람과 사회에 악영향을 미치게 된다면, 기대할 것은 진노뿐이에요. 예를 들어, 변호사가 꿈인 친구가 대형 로펌에서 정의와 불의를 가리지 않고 수임료에 매여 일을 한다면 어떻게 될까요? 그 친구를 통해 이 사회와 하나님 나라에 선한 영향력이 흘러갈 수 없겠죠?

셋째, 누구든지 꿈을 이루려면 자신에게 그 꿈을 이룰 수 있는 재능이 있는가를 살펴보아야 해요.

> 또 지식 없이 열심히만 하는 것은 좋지 않으며 너무 서두르면 죄짓기 쉽다 잠 19:2

운동선수에게는 운동신경이, 예술가에게는 예술적 감각이, 의사에게는 냉철함과 대범함이, 상담가에게는 공감력과 따뜻함이 있어야

겠죠? 이처럼 자신의 선천적인 재능을 확인하고 훈련과 연습을 통해 더욱 탁월하게 준비해야 해요.

그런데 여기서 한 가지 놓치지 말아야 할 사실이 있어요. 꿈은 얼마든지 바뀔 수 있다는 거예요. 즉 직업은 얼마든지 바뀔 수 있어요. 빌 게이츠는 소프트웨어 개발자에서 마이크로소프트사를 창업한 기업가로, 지금은 어려운 사람들을 돕는 자선사업가로 살고 있죠. 저만 해도 그래요. 레크리에이션 강사에서 학원 강사로, 학교 교사에서 교회 목사로 직업이 바뀌었죠. 그리고 지금 또 준비하고 있는 것이 있어요. 바로 농부랍니다. 이처럼 우리의 직업은 얼마든지 바뀔 수 있어요. 하지만 우리의 진정한 꿈, 하나님의 비전은 절대 바뀔 수 없답니다.

그렇다면 하나님의 비전은 무엇일까요? 우리의 아버지 노릇 해주시는 하나님 아버지 품에서 자녀로서 행복하게 살아가는 거예요. 노래를 부르는 자녀이든, 회사에서 열심히 근무하는 자녀이든, 학생들을 가르치는 자녀이든, 운동하는 자녀이든, 그 어떤 자녀이든 하나님 아버지를 부르는 자녀는 아버지께서 그 인생을 아름답게 이끌고 가신답니다. 그것을 '하나님의 의'라고 불러요. 성경 인물 중에서 우리가 잘 아는 요셉과 다니엘이 그 길을 갔어요. 그런 삶을 사는 사람이야말로 지혜 있는 자요, 태양처럼 이 세상을 환하게 밝힐 사람이며, 많은 사람을 주님 품으로 인도할 하나님의 자녀랍니다(단 12:3).

예배가
지루해요

#모태신앙 #지정의 #말_기_찬

엄마 배 속에 있을 때부터 교회에 다닌 모태신앙인 친구가 있나요? "기도도 못해 찬양도 못해 전도도 못해!" 그래서 모태신앙인을 '못해신앙인'이라고 부르기도 하죠. 어릴 때부터 부모님을 따라 교회 생활은 했지만 자기 믿음으로 신앙생활 하기가 어려운 사람들이 그만큼 많다는 이야기겠죠.

모태신앙을 가진 친구들은 부모님 때문에 초등학교 때까지 그런

대로 즐겁게 교회를 다니다가 고등학생이 되면서 예배드리는 것이 지루해질 수 있어요. 매번 똑같은 찬양, 선생님의 긴 기도, 전도사님의 지루한 설교, 그저 그런 공과 공부 등…. '이 시간에 학교 친구들은 학원에서 공부를 하겠지?'라는 생각을 하면 좀 불안하고, '쉬는 날 늦잠도 못 자네'라고 생각하면 좀 억울하기도 할 거예요.

이렇게 의무감으로 하는 교회생활, 지루한 예배를 견디는 것이 옳은 것일까요? 대체 어떻게 해야 예배가 회복되고 찬양과 기도가 살아날까요? 더 이상 의무적인 교회생활을 멈추고 즐겁고 행복한 마음으로 신앙생활을 하려면 어떻게 해야 할까요?

기쁜 소식은, 아무리 모태신앙인이라도 자신의 현재 신앙 상태를 인지하고 개선해야겠다는 마음이 생겼다면 진정한 신앙인으로 거듭나는 것은 시간문제라는 거예요.

신앙생활이란 결국 하나님을 전심으로 사랑하는 것을 말해요. 예수님은 우리에게 이렇게 말씀하셨어요.

> 네 마음을 다하고 네 생명을 다하고 네 뜻을 다해 주 네 하나님을 사랑하여라 마 22:37

마음과 생명과 뜻을 다해 주님을 사랑하라는 말은 우리의 인격을 구성하는 3가지 요소, 즉 지정의를 총동원해서 주님을 사랑하라는 뜻이에요. 여기서 우리의 인격을 구성하는 '지정의'란 무엇일까요?

쌍둥이를 자세히 보면 생김새가 다르고, 성격과 취향에 차이가 있다는 것을 알 수 있어요. 굳이 지문 같은 과학적 상식을 운운하지 않더라도, 이 세상 모든 사람 중에서 똑같은 사람은 단 한 사람도 없다는 것, 알죠? 어떤 사람은 냉철한 이성과 지성으로 상황을 간파하는 능력이 뛰어나고(지), 어떤 사람은 매우 따뜻하고 감정적이어서 사람들을 품고 끌어안아 주어요(정). 또 어떤 사람은 자신이 확신한 일이라면 물불 가리지 않고 뛰어드는 대담함이 있기도 하지요(의). 그렇다면 지정의를 사용해 주님을 사랑하려면 어떻게 해야 할까요?

가장 먼저, 하나님을 사랑하려면 하나님이 어떤 분이시며, 어떤 일을 하셨는가를 알아야 해요. 한마디로, 하나님에 관한 지식이 있어야 하죠. 상대방에 대한 아무런 정보 없이 그를 사랑할 수는 없잖아요? 그러므로 하나님에 대한 사랑은 우리의 이성, 곧 지(知)를 통해서 시작된답니다. 이것이 우리가 설교를 통해 하나님의 말씀을 듣는 이유죠.

그다음 단계는 무엇일까요? 상대방이 누구이고 무슨 일을 했는지를 이성적으로 알았더라도, 그에 대한 감정적 끌림이 없다면 사랑이 진행되지 않겠죠? 한마디로 '필'(feel)이 와야 한다는 거예요. 하나님의 마음을 읽어 가며 내 마음 상태를 확인하고, 그러면서 하나님의 마음을 알게 되어 느껴지는 황홀함, 이것이 바로 우리가 기도하는 이유죠.

진정한 사랑에는 한 가지가 더 필요해요. 아무리 찰떡궁합이라고 하더라도 둘의 사랑을 지속시키는 것은 서로에 대한 신실함이에요.

예배가 지루해요

결혼식장에 가면 주례사를 듣는 시간이 있어요. 그때 "검은 머리가 파뿌리가 될 때까지"라는 말, 많이 들어 봤죠? 부부는 하얀 파뿌리처럼 백발이 될 때까지 서로에게 신실하게 자기 자리를 지켜야 하는 의무와 책임이 있답니다. 이것은 우리가 의지를 갖고 하나님께 드리는 찬양을 의미한다고 할 수 있어요.

우리는 감정적 울림이 자연스럽게 생기지 않더라도, 하나님의 말씀에 순종해 우리 마음대로 하고 싶은 욕구를 거스를 필요가 있어요. 예배시간에 '늦잠이나 푹 자고 싶다'는 자연스러운 본성이 올라와도 의지로 누르고 순종하는 방향으로 나아가야 한답니다.

이렇듯 예배는 우리의 인격처럼 지성의 말씀, 감정의 기도, 의지의 찬양이 온전히 연합해 주님께 나아가는 것이랍니다. 하나님이 우리의 '지정의'를 아시고, '말(말씀)-기(기도)-찬(찬양)'이라는 요소를 균형 잡아 디자인하신 것이 바로 예배인 거예요.

이제 예배의 자리에 지정의를 드리세요. 그러면 무조건 "못해 못해!" 하는 모태신앙인이 아니라 어릴 적부터 주의 말씀으로 양육된 디모데같이 신실한 신앙인, 균형 잡힌 멋진 모태신앙인이 될 거예요.

아이돌을 좋아하는 것도
우상 숭배인가요?

#집착 #죄책감 #주객전도

아이돌 가수만 보면 정말 좋아서 따라다니고 어쩔 줄 몰라 하는 친구가 있나요? 학교와 학원을 오가면서 공부만 하는 사막 같은 인생에 유일한 오아시스 같은 아이돌 가수의 노래를 들으면 삶에 에너지와 위로를 얻을 수 있죠.

그런데 교회 다니는 친구들 중에 예배 때 열심히 찬양하고 설교도 잘 들으면서도 아이돌 가수에 너무 집착하는 자신의 모습을 보고 죄책감을 느끼는 경우를 보게 돼요. 아이돌(Idol, '우상'이라는 뜻) 하면 왠지 우상 같아 아이돌을 좋아하는 자신이 우상 숭배를 하는 것 같대요. 하나님도 그런 자신을 탐탁지 않게 여기실 것 같아 두렵고요. 그렇다면 하나님은 아이돌 가수와 그들을 좋아하는 우리를 어떻게 생각하실까요?

우선, 좋아하는 것과 우상을 숭배하는 것은 다르다는 사실을 알 필요가 있어요. 어떤 대상이나 행위를 좋아하는 것은 자연스러운 태도예요. 그 자체가 잘못된 것은 아니죠. 하지만 우상 숭배는 죄예요.

그러면 좋아하는 것과 우상 숭배가 어떻게 다른지 살펴볼까요? 누군가 아이돌 가수를 좋아하는 이유는 그 가수가 자신에게 즐거움을 안겨 주기 때문이겠죠? 어떤 친구의 경우 스마트폰이나 게임, TV 프로그램에서 즐거움을 느낄 수도 있겠네요. 이처럼 음악, 게임, 드라마, 영화, 만화, 스마트폰 등을 사용해 즐거움을 누리는 것을 문화생활이라고 해요. 동물들과 달리 인간은 문화생활을 누리죠. 본능에만 충실한 동물들은 생물학적 육체만 가지고 있는 반면, 인간은 육체 안에 하나님이 창조해 넣어 주신 영혼을 지닌 존재예요. 하나님은 우리 영혼이 문화생활을 통해 즐거움을 누리도록 허락하셨어요.

그런데 중요한 문제가 하나 있어요. 어떤 대상을 좋아하는 태도는 쉽게 그 대상에 대한 집착으로 이어질 수 있다는 점이에요. 여기서 우리가 기억해야 할 말씀이 있는데, 바로 십계명 중 제1계명이에요.

너는 나 외에는 다른 신들을 네게 두지 말라 출 20:3, 개역개정

여기서 '나 외에는'이라는 말은 '내 옆자리에는'이라는 뜻이에요. 즉 하나님이 차지하신 것과 같은 높이의 옆자리에 하나님이 아닌 다른 것을 두지 말라는 뜻이에요. 쉽게 표현해, 어떤 대상을 좋아하되, 하나님만큼 좋아하지 말라는 거예요. 그런데 집착할 만큼 좋아하는 것은 그 대상을 하나님 자리에 올려놓는 태도와 같아요. 만약 예배를 빼먹으면서까지 아이돌 가수에게 집착한다면요? 그것이 바로 하나님보다 아이돌 가수를 더 중요시한다는 명확한 증거라고 볼 수 있죠. 이런 태도는 "너는 나 외에는 다른 신들을 네게 두지 말라"라는 하나님의 말씀을 어긴 행동이라고 볼 수 있지 않을까요?

아이돌 가수를 어느 정도 좋아하는 것은 괜찮지만, 신앙생활이나 학업에 지장을 줄 정도로 좋아한다면 그 가수를 우상으로 숭배하는 것과 다름없다고 생각해요. 좀 더 즐겁고 유쾌하게 문화생활을 하기 위해 문화적 도구들을 활용하는 것은 '좋아하는 태도'이지만, 신앙생활에 방해될 정도라면 '우상으로 숭배하는 태도'라고 볼 수 있겠어요.

'주객전도'(主客顚倒)라는 한자성어를 들어 봤죠? 주인과 손님이 바뀌었다는 말이에요. 손님의 자리에 있어야 할 문화적 도구들이 주인의 자리에 오르는 순간, 우리의 삶은 질서가 깨어질 수밖에 없답니다. 우리의 주인은 바로 하나님이시기 때문이지요.

아이돌을 좋아하는 것도 우상 숭배인가요?

동성을 좋아하면
왜 안 되죠?

#인소 #성적 끌림 #하나님의_말씀

　요즘 심심할 때 스마트폰으로 '인소'(인터넷 소설) 보는 친구들 많죠? 그중에 남자 아이돌 가수들이 주인공으로 나오는 동성 로맨스 인터넷 소설에 마음을 완전히 빼앗긴 친구가 있을지 모르겠어요. 남자와 여자 간의 로맨스가 정상적이라는 것은 알지만, 남자들의 우정을 넘어서는 사랑, 혹은 여자들 간의 사랑 등 동성 사랑이 뭐가 그렇게 잘못되었는지 판단이 안 설 때도 있을 거예요.

청소년 시기에는 아직 성 정체성이 확립되지 않았기 때문에 동성 친구를 보면 마음이 설레고, 그 친구가 다른 친구와 즐겁게 이야기를 나누는 모습을 보고 질투심을 느끼며 그 친구와 손을 잡으면 찌릿찌릿 감전되는 느낌이 드는 경우가 있을 수 있어요. 이런 고민을 속 시원히 말할 사람도 없고, 누구와도 공유하지 못해 답답한 마음이 들 거예요.

그런데 정말 동성애는 죄일까요? 동성을 좋아하는 성향은 타고나는 것일까요? 즉 하나님이 그렇게 창조하신 것일까요?

사람은 사람을 좋아하게 되어 있어요. 그것은 자연스러운 마음이에요. 이성만이 아니라 동성도 얼마든지 좋아할 수 있어요. 경우에 따라서는 우정이 남녀 간의 사랑보다 더 깊고 끈끈할 수도 있죠. 성경에 나오는 다윗과 요나단의 우정이 그런 경우예요.

그러나 최근 우리 사회에 심각한 사회적 문제로 대두되고 있는 동성애는 인격적인 사랑의 관계가 아니라 동성끼리의 성적 끌림에 의한 성적 행위를 말해요. 이것은 하나님의 창조 질서를 거스르는 행동이기 때문에 반드시 거부해야 해요. 그냥 마음 가는 대로 해서는 안 돼요.

하나님은 사랑하는 사람과의 육체적 관계는 결혼한 남자와 여자 사이에서만 가질 수 있도록 질서를 세우셨어요. 우리 몸도 생물학적으로 그렇게 설계되었죠. 만약 그 질서를 거스르게 될 때는 여러 의학적, 신체적인 문제가 발생하게 돼요.

그런데 최근에는 동성을 향해 사랑을 느끼는 성향이 타고나는 것이라고 주장하는 사람들이 늘고 있어요. 그들은 동성애가 선천적인 것이기에 잘못이 아니라고 주장해요. 그러나 이 주장은 옳지 않아요. 만약 동성애가 선천적이라면 동성애에서 벗어난 탈동성애자가 없어야 하는데, 실제로는 그런 사람이 있거든요. 그리고 많은 연구에서 동성애 성향은 학습이나 경험, 또는 환경적인 영향 때문에 생긴다고 밝히고 있답니다. 예를 들어, 남자아이의 경우 어렸을 때 어머니나 어떤 여성으로부터 지속적으로 괴롭힘을 당해 여성에 대해 좋지 않은 감정을 갖게 되면 자연스럽게 여성보다는 같은 남성에게 더 의존하게 될 수 있어요. 여성의 경우도 마찬가지고요.

또 이성에 눈뜨는 청소년 시기에 동성 친구와 팔짱을 끼는 등 가까워지는 행동을 하다 보면 자연스럽게 상대에게 이성적인 감정을 갖게 될 수 있고, 간혹 성적인 욕구를 느끼게 될 수도 있어요. 그래서 청소년기에, 특히 여학교나 남학교 같은 통제된 환경에서 '내가 혹시 동성애자가 아닐까?'라고 생각하는 친구들이 많아요. 환경적인 영향으로 점차 동성애적 성향을 갖게 되는 것이죠.

그렇다면 만약 동성애적인 성향을 갖게 되었다면 어떻게 해야 할까요? 자연스럽게 그런 성향을 갖게 되었으니 마음 가는 대로 해야 할까요? 아니에요. 강한 의지로 단호히 거부해야 해요. 물론 어렵겠지만, 반드시 거부하는 훈련을 해야만 해요.

마치 게임이나 도박에 중독된 사람이 그 수렁에서 빠져나오기 위해 일단은 게임이나 도박을 끊는 것과 같아요. 중독자들은 자기도 모르게 아주 자연스럽게 중독 대상에 끌려서 다시 게임에 손을 대고, 도박장으로 발걸음이 옮겨진다고 해요. 그러나 자연스러운 현상이라고 해서 마음 가는 대로 내버려 두어선 절대 안 돼요. 그러다가 자신은 물론 주변 사람들까지 망가지고 말 거예요.

마찬가지로 동성애적인 성향을 갖게 되었다면 그때 믿고 따라야 할 것은 의학적인 연구 결과나 심리학적인 이론이 아니라 오직 '하나님의 말씀'뿐이에요. 하나님은 동성애를 아주 엄격히 금지하고 계세요.

성경에도 그런 예가 많이 등장해요. 구약 시대에 소돔과 고모라가 멸망한 이유들 가운데 하나는 바로 동성애 때문이었어요. 그리고 율법은 동성애에 빠져든 사람은 사형이라는 형벌을 받게 할 정도로 동성애를 단호하게 금지했어요(레 18:29, 20:13). 사사기를 보면, 동성애를 즐기던 사람들 때문에 베냐민 지파 전체가 없어질 위기에 처한 사건이 기록되어 있어요(삿 19:22). 또 고린도전서에는 동성애에 빠져 있으면 하나님 나라의 풍부한 축복에 참여할 수 없다고 기록되어 있어요(고전 6:9). 이 밖에도 성경에는 민족들이 타락하고 멸망할 때 그 대표적인 범죄로 동성애가 많이 등장해요.

주변에 혹시 동성애 성향을 느껴 힘들어하거나, 실제로 동성애에 빠져 있는 친구들이 있을지 모르겠네요. 만약 있다면 우리가 더 관심을 갖고 기도해 주어야 해요. 성적인 욕망은 하나님이 우리에게 주신 아주 소중한 선물 중 하나예요. 소중한 선물은 반드시 써야 할 때와 대상을 가려야 그 진가가 드러나기 마련이라는 사실, 잊지 마세요.

동성을 좋아하면 왜 안 되죠?

Part 3   호기심 뿜뿜

기독교의 핵심이
궁금해요

소원을 말해 봐!
기도는 요술 램프인가요?

#소원_자판기 #일천_번제 #머리가_아닌_마음

길거리를 지나가다가 주둥이가 길게 뽑아져 나온 주전자를 발견했어요. 어릴 적 동화책 《알라딘의 요술 램프》에서 보았던 요술 램프 같기도 하고 신기한 모양에 호기심이 가득해 주머니에 있던 손수건으로 쓱싹쓱싹 닦았더니, "펑!" 하고 연기가 피어올랐어요. 연기 사이로 서 있는 램프의 요정 지니가 3분 안에 소원을 하나 말하라고 하네요? 다급한 마음에 허둥지둥하는데, 요정 지니가 자비를 베풀었어요.

"주인님, 주관식 서술형에 약하시니 제가 객관식 오지선다로 준비했습니다. 하나만 고르시지요.

- 1번 소원: 학교에서 점심시간이면 친구들과 우르르 정신없이 식당으로 뛰어가시나요? 주인님이 1번 소원을 고르신다면 그럴 필요가 없습니다. 교실에 혼자 남아 창문을 열고 엉덩이에 힘을 주세요. 곧 하늘을 유유히 날아갈 것입니다. 진정한 비행(飛行) 청소년이 되는 것이지요.
- 2번 소원: 혹시 어디론가 떠나고 싶을 때가 있으셨습니까? 그렇다면 눈을 감고 그곳을 상상하세요. 눈을 뜨세요. 바로 그곳입니다. 순간 이동!
- 3번 소원: 평소에 주인님을 괴롭히는 친구가 있습니까? 이젠 복수할 때입니다. 엄청난 힘을 드리죠. 악수만 해도 상대의 손목이 으스러질 정도의 힘 말입니다. 슈퍼 스트롱 파워!
- 4번 소원: 혹시 좋아하는 이성이 있으신가요? 그렇다면 그 친구의 눈을 깊이 들여다보세요. 마음이 보일 것입니다. 독심술!
- 5번 소원: 그동안 공부가 힘드셨죠? 이 지구상에 존재하는 모든 책을 가져다가 첫 페이지부터 마지막 페이지까지 휘리릭 넘기세요. 대충 한 번만 훑어봐도 뇌리에 완벽히 저장됩니다. 《홍길동전》에도 나왔던 신비한 능력, 일람첩기(一覽輒記)!"

상상만 해도 기분이 좋아지지 않나요? 이 기분 좋은 상상 속 상황에서 우리 친구들은 몇 번의 소원을 선택하겠어요? 대한민국에 살고 있는 청소년이라면 아마도 5번을 선택할 가능성이 높겠죠? 승자 독식의 현 입시 체제 속에서 성적은 늘 우리를 옥죄는 압박이기 때문이죠. 시대를 반영하는 이 '웃픈' 이야기를 통해 하나님께 우리의 소원을 아뢰는 기도에 대해 점검해 봐요.

다윗으로부터 왕위를 이어받은 이스라엘의 제3대 왕 솔로몬은 왕위에 오르자마자 기브온에 가서 일천 번제를 드렸어요. '일천 번제'란 '천 일'(千日, 1,000일) 동안 제사를 드렸다는 의미가 아니라 '일천'(一千) 마리의 제물을 드렸다는 의미예요. 그런 의미에서 볼 때 오늘날 '일천 번제'라는 명목으로 1,000일 동안 연속 예배를 드리는 것은 성경적이라고 말하기 어렵겠네요.

여하튼 경외심과 정성으로 1,000마리의 제물을 번제로 드린 솔로몬을 기뻐하신 하나님은 밤중에 꿈에 나타나 소원을 말하라고 하셨어요.

> 여호와께서 밤중에 기브온에서 솔로몬의 꿈속에 나타나셨습니다. 하나님께서 "내게 구하여라. 내가 네게 무엇을 주랴?" 하고 말씀하셨습니다 **왕상 3:5**

대부분의 사람들은 깊이 생각하지 않고 솔로몬이 단순히 좋은 머리(head)를 구했다고 여기는 경향이 있어요. 하지만 그는 IQ 등 지적 능력(이해력, 암기력, 응용력)과 관련된 지혜를 구한 것이 아니었어요. 그렇다면 정확하게 솔로몬이 구한 것이 무엇일까요?

주의 종에게 옳고 그름을 가려내는 마음을 주셔서 주의 백성들을 잘 다스리고 선악을 분별하게 해 주십시오. 누가 주의 이 많은 백성들을 다스릴 수 있겠습니까? **왕상 3:9**

찾았나요? 솔로몬이 하나님께 구한 것은 머리가 아닌 '마음'(heart)이었답니다. 당시 왕의 업무 중에서 가장 중요했던 재판은 여간 어려운 일이 아니었어요. 인맥, 청탁, 편견, 정보 부족, 아집 등으로 공평무사(公平無私)한 정의로운 재판과 다스림이 어렵다는 것을 솔로몬은 절감했어요. 이런 복잡한 상황과 자신의 한계를 느꼈던 솔로몬이 꿈에서 만난 하나님께 다른 소원을 말할 여유가 있었을까요?

'옳고 그름을 가려내는 마음', 즉 '지혜로운 마음'을 소원으로 구한 솔로몬은 '무엇보다도, 누구보다도 내 마음을 정의에 붙들어 매겠다'는 결단으로 가득 찬 왕이었어요. 한마디로, 그는 자신을 위한 소원이 아니라 하나님의 나라와 하나님의 정의를 구한 것이었죠. 이러한 솔로몬의 소원은 하나님을 감동시키기에 충분했고, 미처 구하지 않은 다른 것들까지도 덤으로 받는 축복을 가져다주었어요(왕상 3:13).

우리가 기도에 대해 크게 착각하는 것이 하나 있어요. 바로 기도로 내 소원을 관철할 수 있다는 신념이에요. '지성이면 감천'이라는

소원을 말해 봐! 기도는 요술 램프인가요?

생각으로 하나님께 원하는 것을 받아 내기 위해 간절히 기도하면서 소나무 뿌리 몇 개 뽑으면 하나님이 그 정성을 봐서 뜻을 돌이키시는 그런 유(類)로 보는 것이죠. 보통 그런 기도의 내용은 '무엇을 먹을까', '무엇을 마실까', '무엇을 입을까'에 대한 걱정에서 나온 문제들이에요. 예수님은 그런 기도는 이방 사람들이나 추구하는 것들이라고 일갈하시면서 그런 잘못된 신념에 대해 옐로카드를 높이 드셨어요.

솔로몬의 이야기를 통해 만점짜리 소원 말하기 비법을 배웠다면, 우리가 드리는 기도 속에 그 비법을 녹여 내야 해요. 그 비법은 다름 아니라 기도할 때 '나를 위한 것'을 먼저 구하지 말고 '하나님의 나라'와 그분이 원하시는 것이 무엇인지를 고민하며 '하나님의 마음'을 구하는 것이에요.

우리 인격의 요소인 '지', '정', '의' 가운데 '정'의 영역에 속한 기도는 소원 자판기처럼 하나님께 내가 필요한 것만을 요구하고 떼쓰는 것이 결코 아니에요. 부단히 하나님의 마음을 구하고 주님의 시그널에 나를 맞춰 가는 과정이죠. 말씀을 읽고, 듣고, 깨달아 이해하는 '지'와 더불어 내 삶의 현장 속에서 내 형편과 상황과는 상관없이 영광 받기에 합당하신 주님께 올려 드리는 찬양은 우리의 '의'의 영역이에요.

이처럼 말씀과 기도와 찬양이 우리의 지성, 감정, 의지에 덧입혀질 때 바울이 그토록 강조했던 온전한 사람으로 빚어질 수 있어요.

우리는 모두 하나님의 아들을 믿는 것과 아는 지식에 하나가 돼 온

전한 사람을 이루어 그리스도께서 충만하신 정도에까지 도달해야 합니다. 엡 4:13

꿈조차 희미해지고, 성적도 안 나오고, 학교생활이 힘들어졌나요? 그렇다면 기도하면서 하나님의 의중을 물어봐야 해요.

"하나님 아버지, 왜 제 학교생활이 이렇게 힘들어졌죠? 솔직히 너무 힘들어요. 제발 제 학교생활을 아버지의 강한 팔로 붙들어 주세요. 제 진로는 앞으로 어떻게 꾸려 가야 하나요?"

하나님께 아뢰면서 그분이 나에게 가르치고자 하시는 것이 무엇인지를 깨달아 가는 것이 바로 진정한 기도랍니다.

이제 소원이 정리가 되었나요? 하나님이 언제, 어디서든 내게 소원을 물어 오신다면, 아니 이제 내 쪽에서 예수님의 이름으로 기도하며 하나님께 소원을 아뢴다면 예수님이 산 위에 앉아 제자들에게 가르치셨던 말씀을 떠올리면 틀림없을 거예요.

무엇을 먹을까, 무엇을 마실까, 무엇을 입을까, 걱정하지 말라. … 오직 너희는 먼저 그 나라와 그 의를 구하라. 그러면 이 모든 것도 너희에게 더해 주실 것이다. 마 6:31, 33

트리니티,
하나님은 도대체 몇 분이신가요?

#저스티스_리그 #삼위일체 #하나님과_본체

헐크, 아이언맨, 캡틴 아메리카, 토르, 스파이더맨 등 어벤져스를 보유한 마블(Marvel)사와 더불어 미국 만화 산업계의 양대 산맥으로 자리 잡은 DC(Detective Comics)사에는 슈퍼맨, 배트맨, 원더우먼, 플래시, 아쿠아맨, 사이보그 등 저스티스 리그의 슈퍼 히어로들이 대거 포진되어 있어요.

마블은 경제적이고 현실적인 문제에 항상 부딪히는 스파이더맨과 능력은 갑이지만 돌출 행동은 더 갑인 아이언맨 등 히어로들의 인간미를 잘 드러냈어요. 반면에 DC의 캐릭터들은 거의 신성성과 숭고미를 드러냄으로써 영웅의 면모를 잘 묘사했다고 볼 수 있지요.

마블이 개연성 높은 현대 소설이라고 한다면, DC는 신화에 가까운 영웅의 일대기를 기록한 고전 소설이라고 볼 수 있어요. 특별히 DC의 슈퍼맨, 배트맨, 원더우먼은 각자 메인 히어로로서의 면모를 굳건히 유지하면서 유기적인 연합체를 이루어 저스티스 리그의 캐릭터들을 이끄는 온전한 리더의 역할을 하고 있어요. 저스티스 리그의 팬들은 DC사를 이끌어 가는 3명의 메인 영웅들을 '트리니티'(3인조)라고 명명하고 그들의 활약상에 박수를 보내요.

그런데 그리스도인인 우리에게도 반드시 알아야 할 트리니티가 있어요. 이 세상을 지으시고 이끌어 가시는 트리니티(三位一體, Trinity), 곧 삼위일체 하나님이시랍니다. 우리는 그분의 팬을 넘어서 제자가 되기로 결정한 자들이기 때문이에요.

신비로운 삼위일체, 트리니티에 대해 알아볼까요? 삼위일체는 솔직히 말해서 인간의 언어로 온전히 설명할 수 있는 개념이 아니에요. 대부분의 친구들이 우리말의 '하나'(One) 때문에 '하나님'을 한 분 하나님으로만 알고 있어요. 맞기도 하지만 엄밀히 말하자면 틀린 개념이에요. 하나님은 한 분이시기도 하지만 세 분이시기 때문이에요.

그리고 하늘에서 소리가 들려왔습니다. "이는 내가 사랑하는 아들

트리니티, 하나님은 도대체 몇 분이신가요?

이다. 내가 그를 매우 기뻐한다." ^{마 3:17}

　　요단강에서 세례 요한에게 세례를 받으신 하나님의 아들 예수님은 지금 어디에 계시나요? 하나님 보좌 우편에 앉아 계세요. 그렇다면 하나님 보좌에는 누가 앉아 계시죠? 성부 하나님이시지요. 보좌에 앉아 계신 분과 보좌 우편에 앉아 계신 분은 각각 하나님과 예수님이세요.

　　또한 예수님은 "아버지께서 너희에게 다른 보혜사를 보내셔서 너희와 영원히 함께 있도록 하실 것"(요 14:16)을 아버지께 구하셨어요. 그럼 성부 하나님과 성자 예수님, 그리고 예수님이 아버지 하나님께 구하신 보혜사, 즉 성령 하나님까지 세 분으로 압축이 되죠.

　　이처럼 성경에는 성부 하나님과 성자 예수님, 성령님의 매우 친밀하고도 유기적인 관계가 잘 나타나 있어요. 우리가 이 대목에서 확인할 수 있는 하나님은 정확히 세 분이세요.

　　　　하나님께서 말씀하시기를 "우리가 우리의 형상대로 우리의 모양
　　　　을 따라 사람을 만들어 그들이 바다의 물고기와 공중의 새와 가축
　　　　과 온 땅과 땅 위에 기는 모든 것을 다스리게 하자" 하시고 ^{창 1:26}

　　성경을 자세히 살펴보면, 때로 하나님은 스스로를 가리켜 '나'라는 단수를 쓰기도 하시고 '우리'라는 복수를 쓰기도 하셨어요. 오직 한 분이시면서도 각자 세 분으로 움직이시는 우리 하나님을 온전히

이해하기란 정말 쉽지 않아요.

사실 삼위일체 개념은 그리스도의 신성을 부인하는 이단의 무리에게 논리적으로 반박하기 위해 정립된 교리(敎理, doctrine)예요. 당시 교회가 생겨난 직후 아리우스-아타나시우스의 논쟁을 비롯한 수많은 이단이 예수님이 하나님이시라는 그리스도의 신성(神性)을 부인하고 나섰기 때문이죠. 이처럼 논쟁거리가 상당하기 때문에 삼위일체는 이단 집단들에게 가장 인기 있는 단골 쟁점 중 하나라고 할 수 있어요.

그러면 우리는 어떻게 이단들의 주장에 현혹되지 않고 하나님이 '세 분이면서도 한 분'이시라는 매우 난해하고도 모순적인 명제를 논리적으로 이해할 수 있을까요? 설상가상으로 '삼위일체'라는 단어 자체를 성경에서 찾아볼 수도 없으니, 그 막막함은 상상을 초월한다고 할 수 있어요.

예수님은 당시 유대인들로부터 돌에 맞을 뻔한 적이 많으셨어요. 주로 하나님의 절대 주권을 경멸하고 더럽히는 불경죄인 신성 모독(神聖 冒瀆)에 걸리셨기 때문이죠. 그 대표적인 예수님의 주장이 "나와 내 아버지는 하나다"(요 10:30)였어요. 유대인들은 '하나'의 의미를 오해했지만 여기서 말하는 '하나'란 본질(本質, nature)이 똑같다는 의미이지 숫자적으로 하나라는 뜻이 아니예요.

모니터는 영상을 출력해 사용자에게 컴퓨터에 저장된 내용과 기능을 보여 주는 기기에 지나지 않아요. 그렇다면 컴퓨터에서 가장 중요한 부분이 무엇이죠? 컴퓨터 '본체'(本體)예요. 가장 기본이 되는 몸체를 '본체'라고 하는 것이죠. 성경 전체에서 '본체'라는 표현이 나오는 두 구절을 살펴볼게요.

> 그 아들은 하나님의 영광의 광채이시며 하나님의 본체의 형상이십니다. 히 1:3

> 그분은 본래 하나님의 본체셨으나 하나님과 동등 됨을 기득권으로 여기지 않으시고 빌 2:6

성경은 예수님이 하나님과 동일한 본체이시라고 말해요. 즉 같은 본질을 가지셨다는 거예요. 모든 신의 속성과 성품과 능력, 즉 영광과 거룩과 능력과 존귀와 의로움이 동등하시다는 것이에요. 즉 성부 하나님과 성자 하나님은 그 능력이, 영광이, 마음이 똑같다는 것이지요. '하나님 나라 백성의 구원'이라는 큰 그림 아래 분명한 목적을 가지고 성자 하나님이 성부 하나님께 자발적으로 복종하시고, 성령 하나님도 성자 하나님과 성부 하나님께 자발적으로 복종하신 것이에요.

그렇다면 우리 기독교나 유대교가 믿고 있는 '유일신'(唯一神) 사상이 삼위일체와 정면으로 배치(背馳)되는 것은 아닐까요?

여기서 우리가 오해하는 것이 있어요. 유일신이란 '단 하나의 신'이라는 뜻이 아니라 '오직 유'(唯) 자를 써서 '다른 신들은 없다'는 뜻이에요. 그러니까 유일신은 숫자적인 개념보다는 구별적인 개념이 더 강한 표현이라고 볼 수 있지요.

이처럼 성부 하나님, 성자 하나님, 성령 하나님은 본질이 같으시고, 동등하시며, 우열이 없으세요. 다만 질서 때문에 각자의 '위'에 위치하신 것이라 볼 수 있어요. 성부 하나님 자체로 홀로 전능하시며, 거룩하시고, 존귀하세요. 성자 하나님 또한 홀로 전능하시며, 거룩하시고, 존귀하세요. 성령 하나님도 홀로 전능하시며, 거룩하시고, 존귀하세요. 세 분이 마음먹고 "크로스!" 하며 합체가 되셔야만 온전한 하나님이 되시는 것이 아니란 말이에요.

삼위일체는 인간의 지각의 한계를 극명하게 보여 주는 하나님의 신성(神性) 중에 하나예요. 어떻게 곤충에 불과한 개미가 영장류인 인간의 지성을 알 수가 있겠어요? 마찬가지로 우리는 하나님을 알 수 있는 존재가 아니에요. 그럼에도 불구하고 하나님이 우리에게 하나님을 아는 지식을 허락하신 이유는 영원한 생명을 주시기 위함이에요. 우리는 적어도 이것이 하나님의 사랑이라는 것을 알아요. 따라서 우리가 오로지 할 수 있는 일은 감사요, 찬양밖에 없답니다.

> 또 우리가 아는 것은 하나님의 아들이 오셔서 우리에게 지각을 주셔서 참되신 분을 알게 하시고 또 우리가 참되신 분, 곧 하나님의 아들 예수 그리스도 안에 있다는 것을 알게 하신 것입니다. 그분은 참 하나님이시며 영원한 생명이십니다 **요일 5:20**

트리니티, 하나님은 도대체 몇 분이신가요?

믿음으로 산다는 게
무슨 의미죠?

#종교개혁 #하박국 #의인 #기다림

지금으로부터 정확히 500년 전에 시대를 뒤바꿀 만한 '위대한 혁명'(The Great Revolution)이 하나 일어났는데, 혹시 알고 있나요? 16세기 유럽 중세 사회 전반에 흐르고 있던 인문주의 사상과 종교 기득권 세력이 누리고 있던 총체적 부조리에 저항해 일어난 '진리의 몸부림'이었죠. 1517년 10월 31일 독일 비텐베르크대학 궁정교회(Schlosskirche) 정문에 붙은 "95개조 반박문"으로 시작해 전 세계로 파급된 위대한 혁명, '종교개혁'(Reformation)이 바로 그것이에요.

독일의 마르틴 루터, 스위스의 울리히 츠빙글리, 영국의 존 웨슬리, 프랑스의 존 칼빈 등 종교개혁을 이끌었던 믿음의 선배들은 그들의 마음을 뜨겁게 한 "의인은 믿음으로 살리라"는 말씀을 가슴에 품고 이 위대한 혁명을 일으켰어요. 로마서 1장 17절, 갈라디아서 3장 11절, 히브리서 10장 38절 등 신약성경에서 무려 3회나 나오는 이 말씀은 각각 바울과 히브리서 기자가 구약성경 하박국 2장 4절 말씀을 인용한 구절이에요.

하박국서에는 서로 대비되는 두 존재가 나란히 등장해요. 첫 번째는 '믿음으로 사는 존재'이고, 두 번째는 '마음이 교만하고 정직하지 못한 존재'로서 여러 나라를 노략하고 많은 피를 흘리며 수많은 민족을 멸한 악한 존재예요. 이 대비되는 존재들이 비교 선상에 놓여 있는 책이 하박국서예요.

믿음으로 사는 의인과 비교되는 두 번째 존재는 하박국 당시 중동 지역 전체를 점령해 나간 바벨론 제국의 느부갓네살왕의 군대였어요. 하박국은 바벨론 군대가 이스라엘 북부 지역인 레바논을 점령하고 계속 진군해 마침내 유다 지역까지 내려와 예루살렘을 포위한 상황에서 활동한 선지자였어요. 더 정확히 말하자면, 당시는 이미 바벨론의 1차 침공이 지나가고 예루살렘 성전이 무너지기 직전인 BC 6세기였어요. 이 암담한 시대적 상황 속에서 하박국 선지자가 품은 한 가지 질문은 이러했어요.

주의 눈은 정결해서 죄악을 보시지 못하시고 죄악을 그냥 바라
보시지 못하십니다. 그런데 악한 사람이 자기보다 의로운 사람들
을 파괴시키고 있는데 왜 반역자들을 조용히 바라보고만 계십니
까? 합 1:13

　　물론 하박국 선지자는 하나님이 죄 많은 이스라엘을 깨우치기 위
해(합 1:12) 바벨론을 세우셨다는 사실을 머리로는 알고 있었어요. 하
지만 가슴에서는 선뜻 동의가 되지 않았죠. 아무리 생각해도 이스라
엘은 바벨론보다 더 '의로운 존재'인데 악인인 바벨론의 심판을 받아
야 한다니, 그것은 하박국의 입장에서는 모순(矛盾), 그 자체였던 것이
지요.

　　'과연 의롭고 공평하신 하나님이라고 할 수 있는가?'

　　하나님의 답변을 기다리며 비장한 마음으로 초소에 서서 망대에
자리를 잡은(합 2:1) 하박국에게 하나님은 '묵시'(默視)로 응답을 주셨
어요. '묵시'는 히브리어로 '하존'인데, 오늘날 청소년들이 귀에 못이
박이도록 듣는 '비전'(Vision)이란 단어로 해석할 수 있어요. 그렇다면
장차 임할 비전의 내용은 무엇일까요?

　　하나님이 믿음으로 말미암아 의롭게 된 자들을 교훈하고 가르치
기 위해 들어 쓰고 계시는 악인들은 정한 때가 되면 반드시 멸망할 거
예요. 현재 득세하는 것처럼 보이는 악한 바벨론이 마침내 철저한 심
판을 받아 온 땅에 하나님의 정의가 실현될 것이고요. 하나님의 공평

하심을 의심하는 세상은 "마치 물이 바다를 덮는 것같이 여호와의 영광을 아는 지식이 세상에 가득 찰 것"(합 2:14)을 보게 될 거예요.

더 나아가 하나님은 하박국에게 "너는 너와 이스라엘이 선민이고 율법을 가지고 있는 자들이므로 스스로 의인인 줄 알고 있나 본데, 의인은 믿음으로 사는 것이다"라고 말씀하셨죠. 다시 말해서 "하박국 너나 이스라엘이나 바벨론이나 똑같은 자들이다. 그러나 하나님이 믿음을 선물로 주신 자들만이 의인이며, 그들만이 살아난다"는 의미이지요. 그리고 하나님은 "여호와는 거룩한 성전에 있다. 온 땅은 그분 앞에서 잠잠하라"(합 2:20)라고 선언하며 응답을 끝맺으셨어요.

어떻게 보면 너무나 교과서 같은 이야기로 들리죠? 문제는 이 비밀을 알게 된 성도들이 어떤 자세로 살아야 하느냐는 것이에요.

> 비록 늦어진다 해도 너는 기다려라. 반드시 올 것이며 지체되지 않을 것이다 합 2:3

기다려야 해요. 기다림의 미학이 필요하죠. 정의와 공평의 하나님은 악인이 득세하고 있는 이 땅의 모순을 누구보다 잘 알고 계세요. 따라서 그의 종말이 속히 다가와야 마땅하다는 사실도 잘 아세요. 하지만 그럼에도 악인들 역시 하나님의 사랑의 대상이랍니다. 그래서 종말의 때는 우리의 생각보다 지체될 수 있어요.

우리는 하나님의 종말이 심판만이 아니라 사랑의 개념도 내포하고 있다는 사실을 잊을 때가 많아요. 하지만 하나님은 한 명의 악인이라도 더 회개하고 돌아오기를 바라시기에 종말을 지연하고 계세요.

약속하신 주께서는 어떤 사람들이 더디다고 생각하는 것처럼 더딘 분이 아닙니다. 오히려 여러분을 위해 아무도 멸망하지 않고 모두 회개에 이르기를 바라십니다 벧후 3:9

하박국은 바벨론에게 떨어질 무시무시한 저주가 자기에게도 떨어질 것을 알았어요. 하지만 그는 하나님의 선물인 믿음으로 구원을 받아 의인이 되었다는 사실에 기뻐했죠. 그리고 마침내 우리가 찬양으로 익히 알고 있는 바로 그 위대한 고백을 하나님께 올려 드렸답니다.

무화과나무가 싹이 트지 않고 포도나무에 열매가 없다고 해도, 올리브나무에서 수확할 것이 없고 밭은 먹을 것을 생산하지 못해도, 우리 안에 양 떼가 없고 외양간에 소가 없다 해도 내가 여호와를 기뻐할 것이고 내 구원이 되시는 하나님을 즐거워할 것입니다 합 3:17-18

러시아 작가 레프 톨스토이가 소설《사람은 무엇으로 사는가》를 발표한 1885년, 그해 4월 5일 언더우드 선교사 일행은 이미 '사람은 믿음으로 산다'는 것을 확실히 알았기 때문에 당시 땅 끝이었던 조선의 제물포항으로 기쁜 마음으로 들어올 수 있었던 것이 아닐까요? 하나님이 믿음을 선물하셔서 우리에게 이루신 구원만으로도 기뻐할 수 있다는 고백을 하면서 말이에요.

이렇게 믿음은 하나님이 시작하셔서 하나님이 마치시는 것이며, 하나님의 선물이고 은혜예요. 그래서 의인은 믿음으로 살아요.

> 여러분은 믿음으로 인해 은혜로 구원받았습니다. 이것은 여러분에게서 나온 것이 아니요, 하나님의 선물입니다. 행위에서 난 것이 아니니 아무도 자랑하지 못하게 하려는 것입니다 엡 2:8-9

믿음은 절대 우리에게서 먼저 나오는 것일 수 없어요. 믿음은 온전히 하나님의 선물이며, 은혜의 소산이에요. 또한 그 출처가 하나님이시기에 절대 실패할 수 없어요. 그래서 그 절대적 믿음이 하나님의 선물로 나에게 주어지면, 언젠가 내 안에서 개인적 믿음으로 나오게 되어 있어요. 아들을 죽이면서까지 우리를 건져 내신 하나님은 절대로 실패하실 리가 없기 때문이에요.

> 여러분 안에서 선한 일을 시작하신 분이 그리스도 예수의 날까지 그 일을 성취하실 것을 나는 확신합니다 빌 1:6

사람의 살과 피를
먹는다고요?

#오병이어 #유월절 #아름다운_예전

혹시 유재석, 정형돈, 송은이, 김용만, FT아일랜드, 씨엔블루, 걸그룹 AOA의 공통점이 무엇인지 알고 있나요? 바로 소속사가 같다는 점이에요. 회사 이름이 FNC 엔터테인먼트예요. 2006년 가수 겸 작곡자인 한성호 씨가 회사 이름을 '피쉬 앤 케이크 뮤직'(Fish & Cake Music, 물고기와 빵)이라고 지었는데, 성경에 나오는 오병이어의 기적이 회사를 통해 나타나기를 바라는 마음이었다고 해요.

성경에는 예수님이 보리빵(떡) 5개와 물고기 2마리로 여자들과 아이들을 빼고 남자 장정만 5,000명을 먹이신 오병이어 사건이 나와요. 이 사건이 주는 의미는 '하나님께 작은 것이라도 정성껏 바치면 상상도 못할 큰 경제적 축복을 받는다'라는 식의 기복적 메시지가 결코 아니에요. 사실 '보리빵 5개와 물고기 2마리'라는 소품은 도저히 불가능하다는 사실을 나타내기 위한 아주 미약하고 하찮은 것의 상징일 뿐이죠.

다시 말해서 오병이어 사건은 '구원'이 인간의 힘으로 무엇인가를 보태서 이루어 낼 수 있는 것이 아니라, '오직 예수님만이 당신의 살과 피를 찢으심으로 우리에게 천국의 풍요를 선물해 주실 수 있음'을 설명하는 사건인 거예요.

또 오병이어 사건은 시간적 배경이 매우 중요해요.

그때는 유대 사람의 명절인 유월절이 가까운 때였습니다 요 6:4

'유월절'(踰越節, passover)이 무슨 날인가요? 이스라엘 백성이 이집트를 탈출하기 전날 밤이었어요. 그 밤에 죽음의 사자가 이집트의 장자들을 죽였어요. 그때 죽음의 사자가 어린 양의 피를 문틀 양쪽과 위쪽에 바른 이스라엘 백성의 집은 넘어감으로써(passover) 이스라엘 백성은 구원을 받을 수 있었죠. 유월절은 바로 이 사건에서 유래된 이스라엘의 최대 명절이에요. 사도 바울은 유월절 그날, 문틀 양쪽과 위쪽

사람의 살과 피를 먹는다고요?

에 바른 어린 양의 피 사건이 우리의 구원을 이루기 위해 십자가에서 홀리신 예수님의 피 사건이라고 말했어요(고전 5:7).

우리 친구들에게 각자 다른 것 같지만 결국에는 같은 한 장면을 소개할까 해요. 첫 번째는 지금까지 이야기한 오병이어의 기적 장면이에요.

> 예수께서는 사람들에게 풀밭에 앉으라고 말씀하시고 빵 다섯 개과 물고기 두 마리를 들고 하늘을 우러러 감사 기도를 드리신 후 빵을 떼셨습니다. 그 후 예수께서는 그 빵 조각을 제자들에게 나눠 주셨고 제자들은 사람들에게 나눠 주었습니다 마 14:19

자, 이제 두 번째 장면이에요.

> 그들이 식사를 하고 있을 때에 예수께서 빵을 들어 감사 기도를 드리신 후 떼어 제자들에게 주면서 말씀하셨습니다. "받아서 먹어라. 이것은 내 몸이다" 마 26:26

예수님이 똑같은 모습으로, 즉 빵을 가지고 감사 기도를 드리신 후 제자들에게 나누어 주셨지요? 이처럼 오병이어 사건은 예수 그리스도의 죽으심으로 말미암아 하늘의 풍성한 복이 성도들에게 내려지는, 참 빵(떡)이신 예수 그리스도를 주제로 하는 이야기인 거예요.

성찬이란 무엇인가요? 우리가 예수 그리스도의 십자가 죽음으로 구원받고 난 후에도 하나님은 절대 타자로 저 하늘에만 계신 것이 아니라 우리 안에 항상 거하시며, 우리의 목자가 되어 그분의 살과 피를 먹여 가며 우리를 이 광야 같은 세상에서 이끌어 가고 계신다는 것을 확인하는 의식인 것이지요.

> 누구든지 내 살을 먹고 내 피를 마시는 사람은 영생이 있고 내가 마지막 날에 살릴 것이다. 내 살이야말로 참된 양식이요, 내 피야말로 참된 음료다 요 6:54-55

눈으로 보고, 입으로 맛보고, 손으로 만져 보는 아름다운 예전을 통해서 눈에 보이지 않는 구원을 이 땅에서 지속적으로 경험할 수 있는 것이 성찬이에요.

이러한 귀한 선물을 우리에게 주신 분은 두말할 나위 없이 선한 목자 예수님이시죠. 그분이 이끄시는 성도의 길은 설령 당장은 죽음의 그림자가 드리워진 골짜기 같아 보일지라도, 우리에게 전혀 부족함이 없는 길임을 확신할 수 있어요. 성찬은 이처럼 우리의 신앙을 굳게 다질 수 있도록 돕는 귀한 도구랍니다.

> 여호와는 내 목자시니 내게 부족한 것이 없습니다. 그분이 나를 푸른 목장에 눕히시고 잔잔한 물가로 인도하십니다. 시 23:1

사람의 살과 피를 먹는다고요?

주기도문인가,
주문기도인가?

#덩크_숏 #바른_기도의_모델 #비전_선언문

한 소년이 유난히 고요한 밤하늘을 바라보다가 유성처럼 떨어지는 별을 보게 되었대요. 그 순간 '떨어지는 별을 보고 마음속 소원을 빌면 영화처럼 현실이 된다'는 이야기가 생각났죠. 예쁜 여자 친구와 빨간 차도 갖고 싶었지만, 그 소년이 진짜 원한 것은 덩크 숏을 성공시키는 것이었어요.

'내 평생 단 한 번만이라도 그 짜릿한 기분을 느낄 수 있다면….'

이런 생각을 하며 소년은 속으로 주문을 외웠어요.

'야발라바히기야~, 야발라바히기야~, 야발라바히기야~ 모하이 마모하이루라~.'

꿈을 꾸었던 것일까요? 소년의 주위에는 아무도 없었고, 발 옆에 주홍색 공 하나가 덜렁 있었어요. 이윽고 소년은 하늘을 날듯이 정말이지 멋지게 덩크 슛을 성공시켰어요. 매일같이 외웠던 그 주문을 외우며 말이죠.

한 편의 짧은 동화를 읽은 것 같나요? 사실 가수 이승환 씨의 "덩크 슛"이라는 노랫말을 나름대로 각색해 보았을 뿐이에요. 키가 작았던지, 점프 실력이 별로였던지 소년의 로망은 '덩크 슛'이었나 봐요. 그는 마침내 소원을 이룰 수 있었던 것이 끊임없이 외웠던 주문(呪文, incantation) 덕분이었다고 한참을 노래해요.

그리스도인은 무엇을 믿으며, 어떤 행동을 해야 하고, 어떤 비전을 가져야 할까요? 그리스도인들도 얼마든지 하나님보다 나 자신을 더 믿으며, 나에게 긍정과 행복을 주입시키고, 내가 늘 잘되기를 바라며 살 수 있어요. 과연 그리스도인의 믿음과 행동과 비전은 각각 무엇을 통해 제대로 알 수 있을까요? 두말할 나위 없이 그리스도인의 비전은 '주기도문'을 통해, 그리스도인의 믿음은 '사도신경'을 통해, 그리스도인의 행동은 '십계명'을 통해 가장 정확하게 배울 수 있어요.

현대 기독교에 장로교, 감리교, 침례교 등 교파가 다양한 것처럼, 예수님 당시 유대교에도 여러 종파가 있었어요. 지극히 현실적인 사두개파, 광야에서 경건생활을 하면서 메시아를 기다린 에센파, 정통 원조 유대인으로 율법을 중요시한 바리새파가 대표 유대 종파예요. 각각의 종파들은 자기 종파의 정체성과 비전을 기도문에 담았어요. 일종의 비전 선언문인 셈이죠.

각 가정마다 '가훈'이 있듯이 주기도문은 교회의 정체성과 목적을 담고 있는 '비전 선언문'이자 '사명 선언문'이라고 할 수 있답니다. 주기도문은 기도 중의 기도로서, 예수님이 제자들에게 가르쳐 주신 가장 중요한 기도예요. 따라서 예수님의 제자임을 자처하는 우리는 '주기도'(主祈禱)를 통해 바른 기도의 모델을 배울 수가 있어요.

주기도문은 마태복음 6장 9-13절에는 비교적 길게, 누가복음 11장 2-4절에는 비교적 짧게 기록되어 있어요. 마태복음에서는 특별히 예수님이 이방 사람들처럼 기도하지 말 것을 강조하시며, 하나님 아버지를 '부름'으로 시작해서 '송영'(誦詠, recitation)으로 마감하셨는데, 그 중간에 총 6가지의 실제적인 간구의 내용이 들어가 있어요. 분량 면으로 볼 때 총 8행밖에 안 되는 매우 짧은 기도문이지만, 하나님과의 관계, 인간과의 관계, 자연과의 관계, 마귀와의 관계를 모두 포함하고 있어서 그 내용이 무엇보다도 높고, 깊고, 넓다고 할 수 있어요. 구체적인 내용을 살펴볼까요?

첫째, "하늘에 계신 우리 아버지"
예수님 당시 이스라엘 집단의 자격이 아닌 개인의 자격으로서 하나님을 "아버지"라고 부르는 것은 상상도 못할 문화 충격이었어요.

> 여러분은 다시 두려움에 이르게 하는 종의 영을 받지 않고 양자
> 의 영을 받았습니다. 우리는 그 영으로 아바 아버지라고 부릅니다
>
> **롬 8:15**

예수님이 이 세상에 오신 이유는 우리를 하나님의 아들로 입양시
키시기 위해서예요. 성령님은 입양된 우리의 마음에 들어오셔서 하나
님을 "아빠, 아버지"라고 부르게 하세요.

하나님을 "아버지"로 부르는 것은 일종의 은유적 표현이에요. 그
전까지는 하나님을 주로 '왕', '스승', '목자', '반석', '방패', '산성' 등으
로 은유했어요. 하나님이 아버지가 되신다는 것은 부모가 어린 자녀
를 안아 주듯이 그분이 우리를 가슴에 품고 키워 주시겠다는 거예요.
'하나님의 안아 주심'이란 하나님이 친히 우리의 아버지가 되셔서 우
리의 필요를 공급하고 보호해 주신다는 의미지요.

둘째, "주의 이름을 거룩하게 하시며"

이것은 곧 우리 인생의 최종 목적인 '하나님이 영광을 받으시는
것'과 직결돼요. 하나님의 '이름'이 거룩히 여김을 받는 것은 곧 하나
님 자신이 거룩히 여김을 받으시는 것이며, 그것이 바로 하나님이 영
광을 받으시는 거예요. 그렇다면 '거룩'이란 무슨 뜻일까요? 거룩은

'도덕적 완전함' 혹은 '분리나 구별'을 의미해요.

따라서 이 대목은 피조 세계와 구별된 하나님의 거룩하심을 이 땅에 계시해 주시기를 바라는 간구이자, 우리가 하나님의 거룩하심을 바르게 알기를 갈망하는 것이라 할 수 있어요. 그때 자연스럽게 하나님의 성품을 바르게 알고 반응하면서 하나님을 높여 드리게 되지요. 하나님의 전지전능하심, 선하심, 자비하심, 영원하심, 사랑하심을 알고 그에 합당한 경배와 찬양을 드리는 것이 바로 하나님의 이름이 거룩히 여김을 받으시게 하는 거예요.

또한 하나님의 거룩하심은 하나님의 자녀들도 거룩한 삶을 살아 내야 하는 숙제로 남는답니다.

> 여러분을 부르신 분이 거룩하신 것처럼 여러분도 모든 행실에 거룩한 사람들이 되십시오 **벧전 1:15**

셋째, "주의 나라가 임하게 하시고"

시험 직전에 받는 수업은 매우 중요해요. 선생님이 시험에 출제될 내용을 집약적으로 정리해 말씀해 주시기 때문이지요. 만약 "성경 전체를 관통하는 주제가 무엇일까요?"라는 시험 문제가 출제된다면 답이 무엇일까요? 아마도 그 문제의 답은 예수님이 부활하시고 40일 동안 지상에서 제자들에게 마지막 수업을 하면서 가르치신 내용일 거예요. 그것은 바로 '하나님의 나라'예요.

성경은 처음부터 끝까지 "하나님의 나라"라는 주제로 연결되어 있어요. 성경에 등장하는 모든 사건과 인물과 배경의 씨줄과 날줄을 연결하면 바로 하나님의 나라가 보이죠.

한 나라가 만들어지려면 3가지 필수 요소가 있어야 해요. '주권', '국민', '영토'예요. 우리나라 헌법 제1장 제1, 2, 3조는 바로 대한민국이라는 나라의 주권과 국민과 영토에 대한 규정이에요.

> 헌법 제1장
> 제1조 제2항: 대한민국의 주권은 국민에게 있고, 모든 권력은 국
>   민으로부터 나온다.
> 제2조 제1항: 대한민국의 국민이 되는 요건은 법률로 정한다.
> 제3조: 대한민국의 영토는 한반도와 그 부속 도서로 한다.

그렇다면 하나님의 나라도 같은 방식으로 설명해 볼까요?

> 제1조: 하나님 나라의 절대 주권은 창조주 하나님께 있다.
> 제2조: 하나님 나라의 국민은 하나님의 친 백성이다.
> 제3조: 하나님 나라의 영토는 우주 전체와 특별히 지구이다.

정말 놀라운 사실은, 굳이 헌법을 거론하지 않아도 하나님의 나라가 이미 예수님을 통해 우리 안에 들어와 있다는 사실이에요. 예수

님이 말씀하신 하나님 나라의 본질은 바로 인간의 가장 근본적인 문제인 죄와 죽음과 사탄의 권세로부터의 해방이에요.

하나님의 나라에 들어가기 위한 필수 조건은 여권이나 입국사증(visa)이 아니라 성령을 통한 중생이에요. 중생은 회심으로 이어지고, 회심은 주의 백성으로서의 자격을 갖추어 가며 성화의 단계로 접어들죠. 이제 주의 백성은 날마다 하나님의 의와 평강, 기쁨으로 가득 차오르고, 하나님의 성품을 닮아 가며 그분의 주권과 통치 앞에 자발적 순종(順從, obedience)을 드리게 돼요. 이것이 바로 하나님의 나라가 개인의 마음속에 임한 것이랍니다.

> 하나님의 나라는 먹고 마시는 것이 아니라 성령 안에서 의와 평강과 기쁨입니다 **롬 14:17**

넷째, "주의 뜻이 하늘에서와 같이 땅에서도 이루어지게 하소서"

기도는 내 소원 성취를 위한 도구가 아니라 '하나님의 뜻이 이루어지기를 바라는 것'이에요("소원을 말해 봐! 기도는 요술 램프인가요?" 참고). 그런데 이게 말이 쉽지, 사람들은 모두 자기 뜻대로 살기를 원해요. 3살만 넘어가도 자기주장이 얼마나 강한지, 주변에 아기를 키워 본 분들에게 물어보세요. 하지만 그리스도인은 자기주장을 내려놓고, 즉 내 뜻대로 하지 않고 하나님의 뜻대로 살기로 작정한 사람이에요.

그렇다면 하나님의 뜻이 무엇인지 자세히 알 필요가 있겠죠? 하나님의 뜻은 우리가 거룩해지는 것이에요.

> 하나님의 뜻은 이것이니 여러분이 거룩하게 되는 것입니다 **살전 4:3**

결국 우리가 거룩하신 하나님을 닮아 가는 것이죠. 더구나 우리는 하나님의 자녀가 되었기 때문에 전 일생에 걸쳐 하나님을 닮아 가야 해요. 따라서 그리스도인의 삶의 대원칙은 '모든 일의 결과가 어떠하든지와 상관없이 전 영역에 걸쳐서 거룩해져야 한다'는 사실이에요. 심지어 때로 우리가 당하게 되는 고난까지도 결국 우리를 거룩하게 만들고자 하시는 하나님의 뜻이라고 볼 수 있지요.

그래서 우리는 부유함에 있든지, 가난함에 있든지, 높은 곳에 있든지, 낮은 곳에 있든지, 그 어떤 상황에서도 순종할 수 있는 힘을 달라고 기도해야 해요. 그 기도는 마땅히 우리 자신의 삶과 가정과 교회와 국가가 하나님의 뜻대로 이루어지게 해 달라는 데까지 가야 해요. 그리고 무엇보다 온누리의 모든 사람에게 복음이 증거되는 것이 하나님의 뜻임을 잊으면 안 돼요.

다섯째, "오늘 우리에게 꼭 필요한 양식을 내려 주시고"

헬라어로 '할토스'인 '양식'은 유대인의 '빵'을 의미해요. 한국인에게는 '밥'이라고 해도 무방하겠죠. '밥을 달라'는 이 기도문은 사실 밥으로 대표되는 우리 인간의 생활에 필요한 모든 것을 달라는 말이 될 수도 있겠어요. 그러나 엄밀히 말하면 더 깊은 의미가 숨어 있어요.

> 예수께서 그들에게 말씀하셨습니다. "내가 바로 생명의 빵이다. 내
> 게 오는 사람은 결코 배고프지 않고 나를 믿는 사람은 결코 목마르
> 지 않을 것이다" 요 6:35

이 양식은 바로 예수 그리스도세요. 우리가 바라야 하는 양식이
신 예수님은 어떤 분이신가요? 하늘 왕의 신분이지만 이 땅에서 고난
과 핍박을 받으셨고, 지금은 하늘의 영원한 영광의 보좌에 앉으신 분
아닌가요? 그렇기에 우리는 하늘의 양식이신 예수님을 바라고 원하
며 "저도 그렇게 살겠습니다. 저도 하늘의 백성이기 때문에 하늘의 왕
이 살다 가신 길을 따라가겠습니다"라고 기도해야 해요. 이러한 신앙
고백이 바로 "우리에게 매일의 양식인 예수님을 주옵소서"라는 기도
문이 담고 있는 내용인 것이죠.

여섯째, "우리가 우리에게 죄지은 자를 용서한 것같이 우리 죄도 용서해 주
소서"

"하늘의 양식인 예수 그리스도로 살게 하옵소서"라고 기도할 수
있는 사람들은 이 땅의 것에 눈을 두고 사는 자들이 아니라 영원한 영
광의 나라를 바라며 사는 자들이에요.

우리가 이웃을 사랑할 수 없는 이유가 무엇인가요? 죄인들은 자

기 스스로 자기의 양식을 구하며 살아야 하기 때문에 모든 사람이 다 경쟁 상대예요. 하다못해 옆집 애가 우리 아이보다 얼굴이 조금 잘생겨도 배 아파서 못 견디는 것이 인간이지요.

그러나 예수 그리스도와 영원한 나라를 아는 자들은 굳이 이 땅에서 이 땅의 것으로 누구와 경쟁하지 않아요. 그래서 그들이 진정으로 이웃을 사랑할 수 있는 거예요. 그들은 그 사랑을 근거로 자신의 오른뺨을 때린 사람에게 기꺼이 왼뺨까지 돌려 대며 용서할 수 있는 것이지요. 그들은 왼뺨을 돌려 대면서 이렇게 기도할 것이 틀림없어요.

"우리가 우리에게 죄지은 자를 용서한 것같이 우리 죄도 용서해 주소서."

일곱째, "우리를 시험에 들지 않게 하시고 악에서 구하소서"

시험만 없으면 학교생활이 행복하겠다고 한 친구를 본 적이 있어요. 그만큼 시험은 학생들에게 부담스러운 존재임이 틀림없어요. 그런데 하나님도 우리를 시험하실까요?

네, 하나님도 우리를 시험하세요. 우리의 믿음을 확인하고, 평가하고, 교육하시기 위해서예요. 그러니까 그 시험(test)은 우리의 성장을 위한 것이죠. 그런데 이상해요. 야고보서를 보면, 하나님은 우리를 시험하지 않으신다고 말해요.

누구든지 시험을 당할 때 "내가 하나님께 시험을 받고 있다"라고 말하지 마십시오. 하나님은 악에게 시험을 받지도 않으시고 친히 누구를 시험하지도 않으십니다 **약** 1:13

여기서 '시험'은 우리를 넘어뜨려 지옥으로 끌고 가려는 사탄의 유혹(temptation)을 말하는 거예요. 하나님은 그처럼 인간이 죄를 지어 하나님을 등지고 지옥으로 향하게끔 유혹하시지 않는다는 뜻이지요.

죄에 빠진 아담의 죄성(罪性)을 갖고 있는 모든 인간은 사탄의 세력 아래 있어요. 그들은 하나님의 통치가 싫어서 하나님을 대적하는 원수가 되었지요. 하나님은 그중에 어떤 무리들에게 은혜를 허락하셔서 하나님 편이 되게 하셨는데, 나머지는 모두 그 죄악 속에 내버려 두셨어요.

우리를 시험에 들지 않게 해 달라는 기도는 우리를 사탄의 세력에서 구원해 달라는 기도예요. 왜냐하면 불나방이 너무나 자연스럽게 불을 향해 날아들듯이 우리도 죄악을 사랑하는 자들이기 때문이죠. 우리는 언제든 사탄의 편으로 내달릴 수밖에 없는 존재예요. 그러니 이 영적 전투에서 하나님의 전신 갑주를 입혀 달라는 기도인 거예요.

여덟째, "나라와 권세와 영광이 영원토록 아버지께 있습니다"

주기도문은 영광을 하나님께 돌리는 찬양으로 끝을 맺어요. 이처럼 찬양과 기도는 새의 양 날개와 같아서 함께 움직여야 해요. 찬양 없는 기도는 힘이 없고, 기도 없는 찬양은 공허할 뿐이에요. 기도는 찬양으로 이어져야 하고, 찬양은 하나님의 하나님 되심을 인정하며 그분을 경배하는 것이죠.

한때 유행하던 교육학 이론이 있어요. 성공에 대한 자기 암시와 자신에 대한 긍정성을 높이라는 '자기 충족 예언'(self-fulfilling prophecy)이에요. '피그말리온 효과'(Pygmalion effect), '플라시보 효과'(placebo effect)라고도 해요. 이는 교육 대상에게 반복적으로 성공에 대한 자기 암시를 하고 기대감과 자아 긍정성을 높여 주면 성공 가능성이 높아진다는 이론이에요.

어떤 친구는 학교 시험 시간이 되자마자 다급한 나머지 주기도문을 열심히 외웠다고 해요. 그 친구는 깜깜한 밤에 무서운 생각이 들어도 주기도문을 열심히 외웠대요. 공포심을 제거하고 성공하기 위한 방편으로서 '나는 괜찮을 거야!', '나는 잘될 거야!', '나는 복 받을 거야!'라는 자기 암시는 그리스도인의 거룩한 자리를 결코 대신할 수 없어요.

예수님을 닮아 가겠다고 작정한 그리스도인이면서 예수님이 친히 가르쳐 주신 기도의 내용도 모른 채 자기 암시를 강화하는 주문으로 주기도문을 사용하고 있지는 않았나요? 당신은 주님이 가르쳐 주신 주기도문(主祈禱文)을 하고 있나요, 아니면 자기 자신을 위한 '주문기도'(呪文祈禱)를 하고 있나요?

주기도문인가, 주문기도인가?

고백해 봤니?
사도신경으로!

#기독교의_핵심_진리 #정체성 #올바른_교리

몇 년 전, 중등부 예배가 끝난 후 아이들을 집으로 보내며 한 명씩 인사를 하고 있는데, 2학년 여학생이 저를 찾아왔어요. 다음 주부터 시작되는 중간고사가 너무 걱정이라며, 수심이 가득한 얼굴로 기도를 부탁하러 온 거였죠.

"목사님! 작년까지는 자유학기제여서 시험도 안 보고 정말 좋았는데, 올해부터는 성적에 바짝 신경을 써야 해요. 요즘 잠도 잘 안 오고 뭔가 불안한 게 스트레스가 장난 아니에요. 근데요, 저희 할머니가 잠자기 전에 사도신경을 외우면 악몽도 안 꾸고 편안히 잘 수 있대요. 그래서 저 아까 예배 시간에 했던 사도신경, 오늘부터 꼭 외우고 자려고요. 저 약속 지키게 파이팅해 주세요."

시험 잘 보라는 격려와 힘내라고 해 준 기도는 괜찮았지만, 잠자기 전에 하겠다는 사도신경 암송 약속에 제 두 손바닥을 내 준 하이파이브는 못내 찜찜했어요.

성경의 두꺼운 겉장을 열자마자 보이는 게 무엇이죠? 주기도문과 사도신경이에요. 언제부터인가 예배 안에 들어와 회중이 함께 고백하는 사도신경은 도대체 언제, 누가, 왜 만든 것이며, 우리가 어떤 마음으로 고백해야 하는 신앙 선언문일까요?

사도신경(使徒信經, The Apostles' Creed)은 AD 170년경 로마 교회에서 세례식 때 사용한 '로마 신조'(Symbolum Romanum)에서 유래했어요. 그 세례식 때 사용되던 '문답(問答)식' 세례 신조를 AD 4세기경에 루피누스라는 사람이 '선언식' 세례 신조로 변형시킨 것이죠. 그러다가 AD 8세기경에 로마 교회를 넘어서 다른 지역의 교회에까지 보편적으로 사용되기 시작했어요.

'성도의 윤리 지침서'라고 하는 십계명은 출애굽기 20장과 신명기 5장에, '성도의 비전 선언문'이라고 하는 주기도문은 마태복음 6장과 누가복음 11장에 기록되어 있어요. 하지만 사도신경은 성경의 특정 본문에 나오는 내용이 아니에요. 그럼에도 사도신경은 성경 속 내

고백해 봤니? 사도신경으로!

용을 바탕으로 한 것이기에 그 뿌리는 성경이라고 말할 수 있답니다.

사도신경은 내용과 구성상 그 특징을 3가지로 나눌 수 있어요. 첫째, 사도신경 12개 항목 중에서 무려 절반이 예수님에 대한 신앙 고백으로 채워져 있어요. 둘째, 사도신경은 성부 하나님, 성자 예수님, 성령 하나님에 대한 삼위일체적인 신앙 고백이에요. 셋째, 사도신경은 창조에서 구원, 그리고 종말에 이르는 창조 역사 전반에 따른 신앙 고백이에요.

초대교회는 세례식을 베풀기 위해 문답을 할 때, 설교의 주제를 정할 때, 신앙 고백을 담은 예배를 드릴 때, 교인들에게 공식적인 편지를 쓸 때 등 교회 안팎으로 중요한 사역이 있을 때마다 사도신경을 적극 활용했어요. 사도신경에는 당시 그리스도인들이 믿어야 할 가장 핵심적인 진리가 담겨 있었기 때문이죠.

이제 사도신경에 담긴 기독교 진리의 핵심 12가지를 개역개정 버전으로 하나하나 살펴볼까요?

첫째, "전능하사 천지를 만드신 하나님 아버지를 내가 믿사오며": '창조주 하나님'을 믿음으로 받아들이겠다는 고백

성경은 "하나님께서 태초에 하늘과 땅을 창조하셨습니다"(창 1:1)라는 말씀으로 시작해요. 하나님은 첫째 날에는 빛을, 둘째 날에는 하늘을 창조하셨어요. 셋째 날에는 바다와 땅과 씨를 맺는 식물과 씨가 든 열매를 맺는 나무를, 넷째 날에는 해, 달, 별들을 창조하셨어요. 다섯째 날에는 각종 물고기와 새를, 여섯째 날에는 들짐승과 가축과 기는 것과 사람을 창조하셨어요. 그리하여 하늘과 땅과 그 안의 모든 것이 완성됐어요. 그리고 일곱째 날 하나님은 창조하시던 모든 일을 마치고 쉬셨어요. 모든 능력과 지혜와 위엄으로 우주 만물을 창조하신 그분은 창조주 하나님이세요.

둘째, "그 외아들 우리 주 예수 그리스도를 믿사오니": '예수님의 이름'을 믿음으로 받아들이겠다는 고백

예수님은 누구이신가요? 예수님은 하나님의 아들이시고, 우리의 주님이시며, 그리스도세요. '예수'라는 이름은 헬라어로 '구원자'라는 의미를 갖고 있는데, 구약의 히브리어로는 '여호수아'예요. 예수님은 죄의 종노릇하는 하나님의 백성을 이끌고 하나님 나라에 들어가셨어요. 이집트에서 종노릇하던 이스라엘 백성을 이끌고 가나안 땅으로 들어간 여호수아는 바로 예수님의 모형이었던 것이죠.

또한 '그리스도'라는 호칭은 헬라어로 '기름 부음을 받은 자'라는 의미를 가지고 있어요. '그리스도'는 중국어로 '지두'로 발음하고, 한자로는 '基督'이라고 써요. 이 글자를 한글로 읽으면 '기독'이죠. 그래서 우리가 믿는 '기독교'는 '그리스도교'와 같은 말이에요. 구약 시대에 기름 부음을 받은 세 부류의 사람은 선지자, 제사장, 왕이었어요. 예수님은 하나님의 말씀을 선포하고 가르치는 선지자이시자, 우리의 죄를 용서하고 정결하게 해 주는 제사장이시며, 우리를 통치하고 다

고백해 봤니? 사도신경으로!

스리는 왕이세요.

셋째, "이는 성령으로 잉태하사 동정녀 마리에게 나시고": '예수님의 탄생'을 믿음으로 받아들이겠다는 고백

예수님의 어머니 마리아는 하나님의 초자연적인 섭리 안에서 성령에 의해 임신이 되었어요. 예수님이 성령으로 잉태되셨다는 것은 '예수님은 완전한 하나님'이시라는 것을 의미하고, 예수님이 동정녀 마리아에게서 태어나셨다는 것은 '예수님은 완전한 인간'으로 이 땅에 오셨다는 것을 의미해요. 다시 말해서 예수님은 완전한 신성(神性)과 완전한 인성(人性)을 지니신 분이랍니다.

넷째, "본디오 빌라도에게 고난을 받으사, 십자가에 못 박혀 죽으시고": '예수님의 죽음'을 믿음으로 받아들이겠다는 고백

AD 26-36년, 즉 10년간 로마 총독으로 유대 지방을 다스렸던 본디오 빌라도만큼이나 세상에서 큰 불명예를 안은 사람이 있을까요? 그리스도인들에 의해 고백되는 사도신경에 '예수님께 직접 고난을 가한 가해자'로 지목되어 실명이 거론되기를 수천 년을 이어 왔으니 말이에요.

빌라도가 실존 인물이었던 것처럼 예수님은 인류의 역사 가운데 BC(Before Christ, 주전)와 AD(Anno Domini, 주후)를 가른 역사 그 자체세요. 역사(history)는 온통 그분의 이야기(His story)로 이루어져 있답니다. 예

수님의 죽음도 역사 가운데 실재한 사건이었어요. 그분의 죽음은 온 세상을 뒤바꾸었죠. 예수님은 반드시 저주의 상징인 나무 '십자가' 형틀에 달려 죽으셔야만 했어요. 그것이 그 자리에 있어야 할 우리의 죄를 대신 질 수 있는 유일한 방법이었기 때문이지요.

다섯째, "장사한 지 사흘 만에 죽은 자 가운데서 다시 살아나시며": '예수님의 부활'을 믿음으로 받아들이겠다는 고백

어떻게 사람이 죽었다가 다시 살아날 수 있단 말인가요? 만약 이 불가능할 것만 같은 예수님의 부활 사건이 없었다면 기독교는 인류 최고의 사기 집단이 되고 말아요. 만약에 부활이 없다면 우리의 믿음은 다 허사로 돌아가는 것이며, 우리는 여전히 해결되지 않은 죄 문제를 안고 절망적인 인생에 머물게 되겠죠. 예수님의 부활이 없다면 예수님의 승천도, 성령님의 강림도, 예수님의 재림도 다 부질없는 이야기가 되고 말아요. 그만큼 예수님의 부활은 기독교 신앙에 있어서 절대적인 사건이랍니다.

그런데 도대체 부활의 증거가 있냐는 말이죠. 한 사건이 사실임을 완벽하게 증명하려면 증인과 물적 증거와 정황적인 증거가 필요해요. 예수님의 부활 사건을 한번 살펴볼까요?

먼저, 막달라 마리아로부터 시작해서 다른 여인들, 엠마오로 가던 제자들인 글로바와 친구, 베드로, 열두 제자와 도마, 나중에는 500명 이상의 사람들, 야고보와 사울이 정확히 증인으로서 목격했어요.

또한 빈 무덤(an empty tomb)이 결정적인 물적 증거예요. 예수님의 시신을 훔쳐 갔다고 의심받았던 제자들은 그분의 시신을 훔칠 만한 동기도, 능력도, 인원도 없었어요. 게다가 16명이 한 조가 되어 무덤을 지키는 로마 파수대가 있었잖아요. 시신을 쌌던 세마포와 수건이 그대로 남아 있었던 것은 말이 안 되는 대목이죠.

마지막으로, 정황적인 증거는 이래요. 예수님은 죽기 이전부터 줄곧 자신이 부활할 것이라고 말씀하셨어요. 그리고 마리아의 오빠인 나사로를 살리는 등 죽음을 이기는 기적을 이미 보여 주셨죠. 또한 부활 사건 이후에 제자들이 완전히 바뀌었어요. 겁쟁이에다가 이기적이었던 제자들이 부활의 증인이 되어 순교자로 삶을 마감할 정도로 말이죠! 예수님은 정말 죽은 자 가운데서 다시 살아나셨어요.

여섯째, "하늘에 오르사, 전능하신 하나님 우편에 앉아 계시다가": '예수님의 승천'을 믿음으로 받아들이겠다는 고백

약 2,000년 전에 이 땅에 오신 예수님이 십자가에서 돌아가셨고 부활하신 것을 믿나요? 그렇다면 예수님은 지금 어디에서 무엇을 하고 계신다고 믿나요?

예수님은 죽음을 깨뜨린 부활 이후에 40일간 이 땅에서 지내시다가 감람산에서 제자들이 보는 앞에서 하늘로 올라가셨어요. 하나님의 거룩을 상징하는 구름에 가리어 보이지 않을 때까지 말이죠. 그 하늘은 대기권이나 성층권을 넘어선, 바울이 다녀온 삼층천(셋째 하늘, 고후

12:2)이에요. 그곳은 바로 거룩과 영광이 가득한 하나님 나라랍니다. 예수님은 하나님 나라에서 전능하신 하나님 보좌 우편에 앉아 계세요.

보통 왕의 오른편은 영광과 위엄의 자리를 말해요. 예수님은 하나님의 보좌 우편에 앉으심으로 이 세상을 하늘과 땅의 모든 권세로 통치하는 자리, 그 영광과 위엄의 자리에 하나님과 함께 앉게 되신 거예요.

예수님은 '선지자의 직분'을 감당하고 계세요. 성령님을 우리에게 보내 주시어 주의 말씀을 깨닫게 하시고, 주님과 동행하는 삶을 살아갈 수 있는 힘을 주시죠. 또한 예수님은 '제사장의 직분'을 감당하고 계세요. 대제사장이 지내야 하는 끝없는 제사들을 예수님은 단번에 완벽하고 충분하게 드리셨어요. 따라서 이제는 우리를 위해 간구하는 중보자가 되어 주시죠. 마지막으로 예수님은 '왕의 직분'을 감당하고 계세요. 예수님은 하나님 우편에서 세상을 주관하시고, 교회를 다스리시며, 주의 백성을 통치하시는 만유의 왕으로서 제사장직, 선지자직과 더불어 삼중직을 수행하고 계시답니다.

일곱째, "저리로서 산 자와 죽은 자를 심판하러 오시리라": '예수님의 재림(再臨)'을 믿음으로 받아들이겠다는 고백

단지 가능성을 논하고 추측할 뿐 누가 감히 인류의 미래를 정확하게 예측할 수 있겠어요? 하지만 성경은 우리의 과거, 현재, 미래를 아우르는 예언으로 가득 차 있고, 예외 없이 다 성취되었어요.

고백해 봤니? 사도신경으로!

구약성경의 핵심은 "메시아 예수께서 오실 것이다"이고, 신약성경의 핵심은 "심판주 예수께서 다시 오실 것이다"예요. 구약성경의 예언은 예수님의 초림과 죽음, 부활, 승천으로 성취되었고, 예수님은 신약성경의 핵심인 심판자로서 반드시 다시 오실 거예요. 전혀 예상하지 못한 어느 날 갑자기 우리 눈에 다 보이도록 친히 육체의 모습으로 임하실 거예요. 그 영광스러운 재림의 예수님은 산 자와 죽은 자를 심판하실 거예요.

'저리로서'라는 말은 '하나님 보좌 우편으로부터'라는 뜻이에요. 하나님 보좌 우편에 앉아 위엄과 권세로 심판하시는 예수님이 밧모섬에서 요한이 보았던 환상처럼 '생명책'에 근거해 심판하실 거예요. 심판의 기준은 세상에서 성공했느냐, 힘이 있었느냐가 아니에요. 이름이 생명책에 기록되었느냐, 아니냐가 그 기준이랍니다.

> 그리고 각 사람은 자기가 행한 것에 따라 심판을 받았습니다. 그러고 나서 사망과 음부도 불 못에 던져졌습니다. 이것이 바로 둘째 사망, 곧 불 못입니다. 누구든지 그 이름이 생명책에 기록되지 않은 사람은 이 불 못에 던져졌습니다 계 20:13하-15

여덟째, "성령을 믿사오며": '성령님의 강림'을 믿음으로 받아들이겠다는 고백

예전에 "성령 충만, 은사 충만, 기적 충만"을 외치는 어떤 기도원에서 기도 인도자가 마치 장풍을 쏘듯 회중을 향해 큰 소리로 "성령

받아랏!" 하고 외치는 장면을 본 적이 있어요. 성령 충만을 받고자 하는 간절함은 십분 공감해요. 하지만 성령님은 우리가 주고받을 수 있는 힘이나 에너지, 또는 물질이 아니세요. 성령님은 삼위 하나님과 본체이신 한 분 하나님으로, 주고받는 대상이 아니라 초대하고 모셔 들여야 하는 인격적인 분이세요.

하나님이 우리에게 주신 지성, 감정, 의지가 바로 인격의 요체인데, 인격과 영혼은 동물이나 로봇과 차별된 인간 고유의 특징이에요. 인격을 소유하신 성령님은 진리로 말씀하시고(행 13:2), 예수님을 계시하시며(눅 2:26), 따뜻하게 격려해 주세요(행 9:31). 뿐만 아니라 성도를 위로하시고, 도우시며, 사랑하시고(롬 15:30), 때로는 탄식도 하세요(엡 4:30). 그리고 성도를 모든 진리 가운데로 인도해 주세요(요 16:13).

이처럼 성령님은 예수님과 연합해 하나님의 자녀된 우리가 하나님 나라에 가는 순간까지 성화되도록 도우시며, 구원의 확신을 가지고 육체적으로 죽는 순간까지 우리의 영혼을 영화롭게 해 주시는 하나님이에요.

아홉째, "거룩한 공회와 성도가 서로 교통하는 것과": '공교회의 거룩함'을 믿음으로 받아들이겠다는 고백

성경적 관점으로 보면, 지구에 사는 인류는 '교회'와 '세상'이라는 거대한 두 공동체 중 한 곳에 소속된 존재예요. 하나님의 언약 백성으로 사느냐와 내가 내 인생의 왕이 되어 내 뜻대로 사느냐 중에서 선택

을 해야 하는 것이죠.

교회는 하나님의 백성이 하나님의 약속을 믿고 사는 언약 공동체예요. 그러므로 교회는 본질적으로 왕이신 예수 그리스도를 머리로하는, 한 몸을 이룬 언약 공동체이지요. 사도들로부터 시작된 초대교회는 하나님을 아는 지식뿐 아니라 하나님께 받은 은혜와 사랑을 나눴어요.

공교회는 약 2,000년 전에 사도들로부터 시작된 신앙의 고백과유산을 존중해요. 다양한 이유로 여러 교단과 교파로 나뉜 교회들은진리와 사랑 안에서 한 몸으로 회복되려는 노력을 계속해야 해요. 이단이 아니라면, 복음 안에서 통합하고 연합하려는 모습이 필요하죠.

교회는 세상 속에 있지만 세속화를 끊임없이 경계하며 교회의 거룩함을 추구해야 해요. 성도 한 사람, 한 사람이 세상 가운데서 거룩한 삶을 살아 내는 것이 교회의 거룩함으로 이어지죠. 또한 교회는 인종, 성, 지역, 국적, 세대, 학력 등의 이유로 차별을 가하면 안 돼요. 그누구에게든지 보편적으로 개방되어 있는 열린 공동체가 되어야 해요.

이렇듯 공교회는 사도성, 통일성, 거룩성, 보편성을 추구하면서떡을 떼며 사랑을 나누는 성도의 교제를 이루어 가야 한답니다.

열째, "죄를 사하여 주시는 것과": '죄 용서의 은총'을 믿음으로 받아들이겠다는 고백

기독교는 갓 태어난 천사 같은 아이도 죄인이라는 사실을 인정하는 데서 시작해요. 아담 안에서 태어난 모든 사람은 아담이 베어 물었던 선악과를 입에 물고 태어난 것이죠. 그 원죄에 더해지는 자범죄는 실제로 자신의 마음과 행동으로 지은 실제적인 죄들이고요. 그러니까 우리가 소위 말하는 윤리적인 죄(Crime)는 하나님께 범죄한 종교적인 죄(Sin)에서 비롯되었다고 말할 수 있어요. 즉 죄는 하나님으로부터 벗어난 우리가 자기 자신의 가치관으로 생각하고 행동하는 것으로 확산되는 것이지요.

'죄'를 뜻하는 헬라어 '하마르티아'의 의미는 '화살이 표적을 벗어나다'예요. 우리의 인생은 태어난 순간부터 표적을 벗어난 비참함으로 시작되는 거예요. 따라서 이 죄를 해결하지 않고서는 인생의 문제가 풀리지 않아요. 그런 의미에서 죄를 용서받는다는 것은 우리의 인생이 해결되는 것을 의미하죠.

구약 시대에 하나님은 희생 제물을 드리는 제도를 통해 죄인이 죄에 대한 대가를 지불하고 용서받게 해 주셨어요. 그 용서의 날이 대속죄일이에요. 이스라엘의 대제사장은 1년에 한 번 지성소에 들어가 염소의 피를 속죄소에 뿌렸어요. 또 한 염소의 머리 위에 손을 얹고 이스라엘 백성의 모든 죄를 전가시키는(잘못이나 책임을 다른 사람에게 넘겨씌우다) 기도를 했어요. 그 염소는 사람들로부터 돌을 맞고, 결국에는 광야에 버려져 들짐승의 먹이가 되죠.

이 염소를 '아사셀 염소'라고 하는데, 바로 우리의 죄를 다 짊어지고 십자가에서 죽으신 예수님의 모형이에요. 예수님의 십자가 사건은 단 한 번의 완전하고도 충분한 제사였기에 이제는 더 이상 희생 제물이 필요하지 않아요. 우리는 예수님의 보혈을 의지해 지성소로 들어갈 수 있게 되었어요.

말로 다할 수 없는 하나님의 죄 용서를 받은 우리는 어떻게 살아야 할까요? 우리도 다른 사람의 죄를 용서하는 삶을 살아야 하겠죠?

열한째, "몸이 다시 사는 것과": '성도의 부활'을 믿음으로 받아들이겠다는 고백

우리는 오늘 밤에 잠을 자도 다음 날 아침에는 잠에서 깨어나요. 그날을 '내일'(來日)이라고 하지요. 죽음 이후에 우리에게 올 세상도 '내세'(來世)라고 해요. 내세를 믿지 않는 사람은 쾌락주의와 허무주의로 살 수밖에 없어요. "단 한 번 사는 인생, 즐겁고 행복하게 살자"는 쾌락주의는 자칫 방탕한 인생으로 치달을 수 있어요. '어차피 죽는 것 고통 없이 빨리 죽자'고 생각해 스스로 목숨을 끊는 자살도 극단적인 허무주의의 결과이지요.

사도신경은 죽음 이후에 성도의 영혼만 영원히 사는 것이 아니라 장차 성도의 몸도 부활할 것을 믿는다고 고백해요. 성경은 인간의 죽음을 '육체의 죽음', '영혼의 죽음', '영원한 죽음'으로 말해요. 육체의 죽음은 코끝에서 호흡이 멈추는 순간을 의미하고, 영혼의 죽음은 예수님을 영접하기 전 영혼의 상태를 뜻해요. 즉 죄로 인해 하나님과 분리되어 지옥(음부)으로 떨어진 상태를 말하죠. 영원한 죽음은 영원히 하나님과 분리되는 것을 말해요.

예수님이 재림하실 때 흙으로 돌아간 모든 육체는 다시 부활하게 돼요. 믿지 않은 신자들의 몸도 부활해요. 그때 선한 일을 행한 사람들, 즉 예수님을 믿은 사람들은 영생을 위한 부활을 하고, 악한 일을 행한 사람들, 즉 예수님을 믿지 않은 사람들은 심판을 위한 부활을 하게 된답니다. 부활의 첫 열매이신 예수님처럼 우리도 부활한다니, 정말 놀라운 사실이지요?

> 이것에 놀라지 말라. 무덤 속에 있는 모든 사람들이 아들의 음성을 들을 때가 온다. 선한 일을 행한 사람들은 부활해 생명을 얻고 악한 일을 행한 사람들은 부활해 심판을 받을 것이다 요 5:28-29

열두째, "영원히 사는 것을 믿사옵나이다": '영원한 삶'을 믿음으로 받아들이겠다는 고백

불사(不死)의 허망한 꿈을 좇았던 중국 진시황의 모습은 안티에이징과 회춘에 열광하는 현대인에게서도 찾을 수 있어요. 그만큼 장수는 인간이 갖는 최고의 열망일 거예요. 성경에는 최장수를 기록한 므두셀라라는 사람이 1,000년에서 31년이 부족한 969년을 살았다고 기록되어 있어요. 하지만 그도 결국에는 죽었어요. 인간은 아무리 오래 살아도 결국 죽는 존재예요.

그런데 본래 인간은 죽지 않고 영원히 살 수 있도록 지어진 존재라는 사실을 알고 있나요? 하나님과 영생의 복을 누리도록 창조된 인간이 죄 때문에 육체의 죽음을 맞이하게 된 거예요. 므두셀라의 아버지는 에녹이에요. 그는 죽지 않았어요. 에녹은 하나님과 동행하다가 세상에서 사라졌어요. 하나님이 365년 동안 하나님과 동행한 에녹을 그대로 하나님 나라로 데리고 가셨답니다. 에녹은 바로 하나님이 영생하는 인간의 모형으로 보여 주신 인물이에요.

시간적인 개념으로만 본다면 사실 불신자들도 영생해요. 육체는 죽더라도 영혼은 사라지지 않기 때문이지요. 예수님의 재림 때 부활한 불신자들은 불 못에서 영원히 살게 되고, 성도들은 복의 근원이신 하나님과 새 하늘과 새 땅에서 영원히 살게 되는데, 이것이 진정한 영생이에요. 성경이 말하는 영생이란 '하나님과 더불어 사는 것'이랍니다. 에녹이 하나님과 365년 동행하며 살았던 것처럼 성도의 1년 365일이 영생의 순간으로 이어지는 것은 매우 당연한 논리겠지요?

지금까지 사도신경을 살펴보았는데, 어때요? 사도들로부터 시작된 고백 한 마디, 한 마디에 우리 기독교 진리의 핵심 가치가 잘 드러나 있죠? 그렇다면 21세기를 살며 신앙생활을 하는 우리에게 사도신경은 어떤 의미가 있을까요?

무엇보다, 사도신경은 그리스도인의 정체성(identity)을 알려 주는 나침반이에요. '나는 어디서 와서, 무엇을 하다가, 어디로 가는가?'라는 인생의 방향성을 제대로 알려 주죠.

또한, 사도신경은 성경 공부의 길라잡이(guide)예요. 올바른 교리

(教理, dogma)를 바탕으로 하나님과 예수님과 성령님, 구원과 교회와 종말에 대한 중요한 진리를 공부할 수 있어요.

마지막으로, 사도신경은 다음 세대에 전수할 기독교 교육의 교과서(textbook)예요. 유대인의 지혜서인 《탈무드》도 넘볼 수 없는 믿음의 진수이자 핵심 교리로 가득한 신앙 교육서예요.

이와 같이 사도신경이 그리스도인의 정체성을 알려 주는 나침반이자, 성경 공부의 길라잡이이며, 신앙 교육의 교과서라면 악몽 방지나 불안 해소 수단 정도로 이를 사용하는 우리에게 너무나 심한 푸대접을 받고 있다고 할 수 있겠죠?

고백해 봤니? 사도신경으로!

아름다운 두 돌판,
십계명

#스몸비 #행동_규준 #십계명의_저자_직강

눈만 뜨면 여러 매체에서 처음 접하는 신조어 때문에 정신 못 차리는 요즈음, 스마트폰을 들여다보면서 걷는 사람을 지칭하는 '스몸비'(스마트폰+좀비)가 사회적 문제로 급부상하고 있어요. 스몸비는 스마트폰을 보면서 걷다가 차량이나 사람과 충돌하는 사고가 빈번하게 발생하면서 생긴 신조어예요. 이러한 스몸비 문제를 IT기술로 해결하기 위한 전 세계적인 노력이 있어요.

그런데 스몸비 현상은 IT기술로 해결하기에는 역부족인 것이 사실이라 법의 영역으로까지 진행되고 있어요. 미국 하와이주 호놀룰루시에서는 미국 내 처음으로 "보행 중 스마트폰 사용 금지법"을 발효해 시행 중이에요. 이른바 "산만한 보행 금지법"으로 불리는 이 법에 따라 호놀룰루시 경찰은 응급 서비스를 위해 휴대전화를 사용하는 경우 외에는 횡단보도와 도로에서 휴대전화를 들여다보거나 메시지 등을 보내는 보행자를 적발해 최고 99달러(한화 약 10만 원)의 벌금을 부과한다고 해요. 우리나라도 언젠가 길에서 마음대로 스마트폰을 보지 못하는 시대가 올 수도 있다니, 참 알다가도 모를 일이죠?

여러 사람들이 함께 모여 사는 집단을 '사회', '공동체', 더 나아가 '세상'이라고 해요. 사회와 공동체를 포함해 이 세상에는 안전하고 편안하게 생활할 수 있는 기본적인 장치가 필요해요. 우리는 그것을 '규칙'이라고 부르죠. 또한 규칙을 보장해 주는 사회적 합의와 약속을 '법'이라고 해요. 다시 말해서 법이 잘 지켜지는 사회는 정의롭고 안정된 사회인 것이죠.

만약 이 세상에 법이 없다면 권력이나 부를 가진 사람이 더 많은 자유와 권리를 갖기 위해 사회적 약자의 자유와 권리를 침해해도 막을 수 없을 거예요. 만약 사람들 사이에 다툼이 생기면 사회적 약자는 강자에게 언제나 질 수밖에 없고, 사회 구성원 간에 신뢰가 무너지고, 사회가 혼란에 빠질 거예요.

이처럼 사회의 혼란을 해결하고 조화와 복지를 도모하기 위해 법이 반드시 필요하다면, 우리 인간과 하나님 사이에도 아름다운 조화와 자유가 유지되기 위한 법이 있어야 하지 않을까요? 꼭 지켜야 할 규칙이나 법이 있을 때 사람들은 흔히 '십계명'을 만들어 제시하곤 해요. 예를 들면 '부부 십계명', '행복 십계명', '건강 십계명' 하면서 말이죠. 그렇다면 성경에 나오는 십계명의 기원을 살펴볼까요?

지금으로부터 약 3,500년 전으로 거슬러 올라가야 해요. 모세 시대에 이스라엘 백성은 약 400년 동안 당시 강대국이었던 이집트에서 종살이를 했어요. 하나님은 아브라함에게 약속하신 대로, 때가 되자 이스라엘 민족을 이집트 바로왕의 손에서 구출해 내셨어요. 10가지 재앙과 홍해 바다를 마른 땅으로 건너는 등의 기적을 보여 주셨고, 광야에 있는 시내산으로 인도하셨어요.

하나님은 시내산에서 '하나님이 이스라엘의 왕이 되시고 이스라엘은 하나님의 백성이 된다'는 공식적인 언약식을 체결하셨어요. 그 언약식에 필요한 10가지 계약서이자 10가지 법률이 바로 십계명이에요. 정리하자면, 십계명은 하나님의 백성으로서 감당해야 할 의무와 책임으로 하나님이 이스라엘에게 주신 율법의 요약이요, 핵심이라고 할 수 있어요. 하나님이 하나님의 언약 백성인 이스라엘에게 율법의 핵심인 십계명을 주신 이유는 무엇일까요?

우선, 십계명에 대해 오해하지 말아야 할 것이 있어요. 하나님은 이스라엘 백성이 십계명 조약을 지킴으로써 하나님의 백성이 될 자격을 얻게 하시려는 것이 아니었어요. 오히려 이제 이스라엘이 하나님의 백성이 되었으니 하나님의 백성답게 살기 위해서 십계명을 지키라는 의미에서 주신 것이랍니다.

결혼을 하면 결혼생활을 지키기 위한 상호 간의 의무가 발생하겠죠? 하나님은 이스라엘 백성과 결혼을 하셨어요. 그로써 하나님께는 이스라엘의 남편이자 보호자가 되어 줄 의무가 생기셨고, 이스라엘은 하나님의 신부로서 하나님께 대한 충성과 정절을 지킬 의무가 생긴 거예요. 십계명은 이스라엘이 하나님의 백성으로서, 하나님의 신부로서 살아가는 데 필요한 '결혼생활 지침서'예요. 따라서 십계명은 구원을 받는 조건으로 주어진 율법이 아니라, 구원받은 성도들이 성도답게 살아갈 수 있도록 하나님이 베풀어 주신 은혜의 선물인 거예요.

그렇다면 하나님이 하나님의 언약 백성인 이스라엘과 체결하신 계약의 내용, 즉 율법의 내용은 무엇일까요?

신학자들의 연구에 의하면, 율법의 항목은 무려 총 613가지나 된다고 해요. 이 방대한 율법을 핵심적으로 압축하면 10개의 계명이 되고, 10개의 계명은 크게 2개의 계명으로 구분돼요. 즉 제1-4계명은 하나님께 대한 의무 계명으로, '하나님을 사랑하라'라는 말로 요약되고, 제5-10계명은 사람에 대한 의무 계명으로 '네 이웃을 사랑하라'라는 말로 요약된답니다.

언뜻 보면 구약성경은 율법을, 신약성경은 은혜를 강조하는 것처럼 보여요. 하지만 사실 성경은 신구약을 통틀어서 다음과 같이 일관된 주장을 견지하고 있어요.

"구원은 하나님의 은혜로 받는 것이며, 구원받은 성도들은 하나님의 율법을 지킴으로써 하나님의 백성답게 살 수 있다."

율법이란 한마디로 하나님이 우리에게 요구하시는 것으로, '하나님과 이웃에 대해 우리가 어떻게 행동해야 하는가?', 즉 우리의 행동 규준(規準, canon)을 말해요. 이에 비해 은혜는 하나님이 우리의 구원을 위해 직접 행동해 주신 것으로, '복음'이라 부를 수 있어요. 복음이란 바로 하나님이 예수 그리스도를 통해 우리의 구원을 위해 행하신 일을 말하며, 이것이 바로 하나님의 은혜랍니다. 이제부터 그 하나님의 은혜를 개역개정 버전으로 차근차근 알아보도록 해요.

제1계명, "너는 나 외에는 다른 신들을 네게 두지 말라": 바른 예배의 대상

종교개혁가 존 칼빈은 하나님을 떠난 인간의 마음을 가리켜 '우상 제조 공장'이라고 했어요. 하나님을 떠난 죄인은 끊임없이 자신의 욕망을 채워 줄 우상을 만들어 낸다는 말이죠. 미국의 트레빈 왁스 목사님도 현대인들의 우상이 되어 우리의 삶을 전복(顚覆, rollover)시키고 있는 6가지 신들을 다음과 같이 소개했어요.

자신(oneself), 성공(success), 돈(money),

여가(leisure), 성(sex), 권력(power)

십계명에서 가장 먼저 제시된 제1계명은 두말할 나위 없이 가장 중요한 내용을 지니고 있어요. 하나님만이 우리 존재의 근거이시며, 예배의 유일한 대상이심을 첫 번째로 명령하고 있는 것이죠. 하나님

외에 다른 신을 섬기지 말아야 한다는 것은 내 마음 중심에 똬리를 틀고 앉아서 나를 주장하고 있는 것들을 다 제하여 버리고, 오직 하나님만을 사랑하고 신뢰하며 예배하라는 뜻이랍니다.

제2계명, "너를 위하여 새긴 우상을 만들지 말라": 바른 예배의 방법

어느 시대나 교회의 가장 큰 죄는 하나님을 잘못 예배하는 것이었어요. 제2계명은 하나님을 조각이나 그림의 형상으로 묘사하지 말고, 또한 그런 형상을 예배하지 말라는 거예요. 모세가 40일을 시내산에 머물렀을 때 산 밑에서 그를 기다리다 지친 이스라엘 백성은 아론에게 가서 자신들을 인도할 신을 만들어 달라고 요구했어요. 이에 아론은 그들에게 금붙이를 모아 가져오라고 했죠. 아론은 이스라엘 백성의 손에서 금붙이를 받아 송아지 형상을 만들고는 "이것은 너희를 이집트에서 이끌어 낸 너희 신이다"(출 32:4)라고 말했어요.

왜 사람들은 형상이나 신상을 만들고 싶어 할까요? 그것은 바로 자기중심적인 기복 신앙(복을 기원하는 것을 목적으로 믿는 신앙)에 근거를 두고 신을 제 뜻대로 조종하고 통제하고 싶은 인간의 허풍적인 심리가 작용하기 때문이에요.

> 우상을 만드는 사람은 모두 허풍쟁이들이다. 그들이 그렇게 기뻐하는 우상은 아무 이득도 주지 않는 것이다. 우상을 편드는 사람은 눈먼 사람이고 무식한 사람이니 부끄러움을 당할 것이다 사 44:9

아름다운 두 돌판, 십계명

성경은 오직 하나님의 형상이 있다면 모든 피조물보다 먼저 계신 예수님이시라고 말해요.

> 하나님의 아들은 보이지 않는 하나님의 형상이요 모든 피조물보다 먼저 나신 분이십니다 골 1:15

제3계명, "너는 네 하나님 여호와의 이름을 망령되게 부르지 말라": 바른 예배의 태도

이름은 존재 자체를 나타내요. 그래서 하나님의 이름을 대하는 태도는 곧 하나님을 대하는 태도와 같다고 볼 수 있죠. 유대인들은 하나님의 이름을 대신하는 명칭을 사용할 정도로 하나님의 이름을 존귀하게 여겼어요.

제3계명의 의미는 하나님의 이름을 부르되, 함부로 부르거나 잘못 사용하지 말라는 거예요. 그렇다면 먼저 하나님의 이름에 대해 정확히 알아야겠죠("하나님도 이름이 있나요?" 참고)?

출애굽기 3장 14절에서 하나님이 모세에게 알려 주신 여호와 하나님의 이름은 '스스로 있는 자'(I am who I am)예요. 여호와 우리 하나님은 '지극히 높으신 하나님'(엘 엘욘), '전능하신 하나님'(엘 샤다이), '영원하신 하나님'(엘 올람), '창조주 하나님'(엘로힘) 등 다양한 이름으로 우리에게 나타나셨어요.

이처럼 하나님은 당신의 이름을 우리에게 알려 주시며 우리로 하여금 부르게 하세요. 하나님의 이름을 부른다는 것은 언약을 통해 하나님과 하나 되었음을 말하며, 하나님을 의지하고 하나님과 연합했음을 의미해요. 그래서 우리가 예수님의 이름을 부를 때 우리와 예수님이 하나 되는 거예요.

하나님의 이름을 바르게 부르는 것은 예수님이 가르쳐 주신 주기도문의 첫 번째 간구("주의 이름을 거룩하게 하시며")와 동일해요. 하나님을 경외하는 바른 태도를 가질 때 하나님의 이름을 거룩하게 할 수 있는 거예요. 우리가 하나님을 경외하는 만큼 하나님은 영광을 받으시기 때문이랍니다.

제4계명, "안식일을 기억하여 거룩하게 지키라": 바른 예배의 시간

자기가 태어난 날인 생일을 그냥 넘기는 친구는 아무도 없을 거예요. 미역국은 기본이고 생일 선물과 파티까지 챙겨야 하는 날이죠. 달력을 보면 국경일이 빨간색으로 표시되어 있어요. 그날들은 법정 공휴일로 지정해 하루를 쉬며 기념하고 있죠. '기념'이란 말 그대로 기억하고 생각하는 거예요. 국토방위에 목숨을 바친 이의 충성을 기념하기 위해 '현충일'을 축하하고, 일본의 식민통치에 항거, 독립선언서를 발표해 한국의 독립 의사를 세계만방에 알린 날을 기념하는 '삼일절'을 축하해요. 한글이 창제됨에 감사하며 '한글날'을 기념하고, 일제로부터의 독립을 기뻐하며 '광복절'을 보내죠.

개인과 국가를 넘어서 전 지구적으로 온 인류가 꼭 기념하고 축

아름다운 두 돌판, 십계명

하해야 할 기념일이 있으니, 바로 '하나님의 날'이에요. 그날은 하나님의 창조와 하나님의 구원을 축하하는 날이에요. 우리는 그날을 '안식일'이라고 불러요. 창조에서 구속으로 넘어가는 구속사의 발전에 따라 안식일이 창조의 완성인 주간의 마지막 7일에서 구속의 완성인 주간의 첫날로 바뀌었지만, 일주일 중 하루를 안식일로 거룩하게 지켜야 한다는 내용은 동일해요.

안식일은 말 그대로 편하게 쉬는 날이에요. 생계를 위한 모든 노동을 쉬는 거예요. 사실 안식일에 육체적으로 쉬는 것은 영적인 쉼을 위한 거예요. 우리의 '궁극적인 쉼'은 바로 우리의 육체와 영혼의 생명이 모두 하나님으로부터 온 선물임을 알고 하나님께 감사하고 예배하는 것이기 때문이지요. 이처럼 안식일은 예배에 우선순위를 두고 휴식과 균형을 맞추어 우리가 창조되고 구원받은 것이 나의 힘으로부터 온 것이 아니라 전적인 하나님의 은혜임을 고백하는 날이랍니다.

제5계명, "네 부모를 공경하라": 하나님이 세우신 권위에 대한 순복

모든 인간관계의 시작은 태어나는 순간부터 이루어지는 부모와의 관계예요. 부모는 자식을 낳음으로 하나님의 창조를 보여 주고, 자식을 키움으로 하나님의 양육을 보여 주는 하나님의 대리인이에요. 따라서 부모를 공경하는 것은 곧 하나님을 공경하는 거예요. 잠언 말씀은 부모를 업신여기거나 부모의 말에 불순종하는 것을 매우 심각하게 다루고 있어요.

아버지를 조롱하고 어머니에게 순종하는 것을 비웃는 사람은 골짜기의 까마귀들이 그 눈을 파 낼 것이요, 독수리 새끼가 그것을 먹을 것이다 잠 30:17

사도 바울 또한 부모에 대한 불순종을 종말의 징조라고 규정하며, 경건의 모양은 있으나 경건의 능력은 인정하지 않는 이런 사람들을 멀리하라고 경고했어요.

또한 제5계명에서 말하는 '부모'는 육신의 부모를 넘어 연령과 은사에 있어서 모든 윗사람과 특히 하나님의 규례에 의해 가정, 교회, 국가를 막론하고 우리 위에 권위의 자리에 있는 자들을 포함해요(웨스트민스터 대요리 문답 124문). 따라서 부모는 자녀에게, 목회자는 교인에게, 사장은 직원에게, 대통령은 국민에게 권위를 가지고 마땅한 의무와 책임을 다해야 해요.

이처럼 제5계명은 하나님이 만드신 인간 사회가 질서 있게 유지되고 보존되기 위해 하나님이 정해 주신 가장 기본적인 계명이라고 할 수 있어요. 부모와 자녀, 목회자와 교인, 위정자와 국민 등 모든 조직과 제도 사이에 독재나 방종이 아닌 상호 의무가 잘 지켜질 때 개인은 장수의 복을, 사회나 국가는 안녕의 복을 얻게 된다는 것이죠.

제6계명, "살인하지 말라": 생명의 존엄성

최근 들어 사는 것이 너무 힘들어서 스스로 목숨을 끊었다는 뉴스를 더 자주 듣는 것 같아요. '얼마나 힘들었으면 그랬을까' 싶다가도 그 가족이나 하나님은 얼마나 안타까울까 싶어요.

마치 리모컨으로 TV를 끄듯 목숨을 끊어 버린다면, 정말 꺼진 TV처럼 그렇게 생이 끝나 버릴까요? 아니면 이 생에서는 실패했으니 다음 생을 기약해 보자는 힌두교나 불교식의 윤회나 환생을 기대해야 하는 것일까요? 설령 생명이 자신의 것이라 하더라도 그 생명을 자기 마음대로 할 권한은 우리에게 없어요. 왜냐하면 그 생명은 궁극적으로 하나님의 것이기 때문이에요.

예수님은 제6계명에 대해 더 깊이 있는 설명을 하셨는데, 분노가 살인의 출발점인 동시에 마음에서 이미 살인을 한 것이라고 하셨어요.

> 살인하지 말라. 살인한 사람은 누구든지 심판을 받을 것이다'라는 옛 사람들의 말을 너희가 들었다 그러나 나는 너희에게 말한다. 형제에게 분노하는 사람도 심판을 받게 될 것이다. 또 형제에게 '라가'라고 하는 사람도 공회에서 심문을 당할 것이다. 그리고 '너는 바보다' 하는 사람은 누구든지 지옥 불 속에 떨어질 것이다
>
> 마 5:21-22

우리는 그동안 내게 만만한 대상에게 욕설과 거친 폭력으로 얼마나 많은 감정의 쓰레기를 쏟아 내었나요? 다른 사람의 인격을 멸시하고 함부로 대하는 것이 바로 살인의 시작이에요. "살인하지 말라"라는

제6계명은 '소극적 살인 금지'를 넘어 '적극적 이웃 사랑'에까지 우리를 초대해요. 하나님은 한 생명을 천하보다 더 귀하게 보시는 분이기 때문이에요. 따라서 하나님의 형상으로 지어진 모든 사람을 인종 차별, 성 차별, 학력 차별, 빈부 차별, 종교 차별로 선(線)을 긋는 우를 범해서는 안 돼요. 왜냐하면 이 세상의 모든 피조물 가운데 하나님의 시선(視線)이 줄곧 머무는 존재는 사람 그 자체이기 때문이에요.

제7계명, "간음하지 말라": 성과 결혼의 소중함

좋아하는 이성에 대해 느끼는 성적 호기심과 성욕은 건강한 사람에게는 당연한 거예요. 사람을 남자와 여자로 만드신 하나님이 서로가 육체적으로 이끌리게 계획하셨기 때문이죠. 이성 간에 서로 끌려서 사랑하고 결혼하면 합법적인 성적 관계를 가지도록 하신 분도 하나님이세요. 제7계명은 사랑으로 하나 된 부부 이외에는 모든 성적 관계를 금하고, 하나님이 제정하신 결혼의 가치와 신성함을 지키라는 명령이에요.

> 너는 네 샘물에서 물을 마시고 네 우물에서 흐르는 물만 마셔라. 네 샘이 널리 흘러넘치고 네 시냇물이 거리에 넘치게 하겠느냐? 그 물을 너만의 것이 되게 하고 다른 사람과는 절대로 나누지 마라. 네 샘이 복된 줄 알아라. 네가 젊을 때 만난 아내를 기뻐하여라
> **잠 5:15-18**

성추행, 성폭행 등 각종 성폭력에 대한 저항으로 세간에 확산되고 있는 '미투 운동'(Me Too movement)은 우리에게 주어진 제7계명의 소중함을 절감하게 해요. 이미 레위기는 고대 가나안 사람들의 성적 타락을 신랄하게 고발하고 있어요. 음행과 간음, 동성애, 심지어 수간(獸姦)까지 시대와 지역을 막론하고 쾌락을 위한 인류의 성적 타락은 계속되어 왔어요.

하나님은 결혼이라는 제도를 통해 부부가 함께 출산과 양육으로 이 땅에 충만하고 번성해서 이 땅을 다스리라는 사명을 주셨어요. 또한 결혼은 부부의 연합을 통해 신랑 되신 예수님과 신부 된 교회의 연합, 삼위일체 하나님의 연합을 보여 주기도 해요. 따라서 부부의 연합은 단순한 육체의 결합뿐만이 아니라 영적인 연합을 체험할 수 있는 특권인 거예요.

예수님은 마음으로도 간음죄를 지을 수 있다는 새로운 해석을 해 주셨어요. 이는 온전한 연합 관계는 우리의 마음으로부터 비롯된다는 사실을 강조하신 것이랍니다.

'너는 간음하지 말라'는 옛 사람들의 말을 너희가 들었다. 그러나 나는 너희에게 말한다. 여자를 음란한 눈으로 바라보는 사람은 누구든지 이미 마음으로 간음죄를 지은 것이다. 네 오른쪽 눈이 너를 죄짓게 하거든 그 눈을 뽑아 내버려라. 온몸이 지옥에 던져지는 것보다 몸의 한 부분을 잃는 것이 더 낫다. 네 오른손이 너를 죄짓게 하거든 그 손을 잘라 내버려라. 온몸이 지옥에 던져지는 것보다 몸의 한 부분을 잃는 것이 더 낫다 ^{마 5:27-30}

제8계명, "도둑질하지 말라": 청지기적 삶

"도둑질하지 말라"라는 명령은 사유재산권을 전제로 한 계명이에요. 성경이 사유재산권을 인정한다고 해서 그것이 절대적이며 무제한적인 것은 아니에요. 각 사람이 소유하고 있는 재산은 모두 주인이신 하나님으로부터 잠시 위임받아 관리하는 대상일 뿐이에요. 성경은 우리의 모든 소유가 다 하나님의 것임을 분명히 말해 주어요.

땅과 그 안에 있는 모든 것, 세상과 그 안에 사는 모든 것들이 여호와의 것입니다. ^{시 24:1}

주인의 부탁과 요구에 늘 귀를 기울여 듣고 순종하는 사람을 '들을 청(聽)' 자를 써서 '청(聽)지기'라고 해요. 만약에 수많은 자산 가치를 관리하는 은행 직원이 자신의 필요대로 자산을 마음껏 사용해 버린다면 어떻게 될까요? 당장 형사 입건되어 주식이 콩밥으로 바뀔 거예요.

우리가 가지고 있는 돈, 물건, 건강, 재능, 자녀, 생명까지도 모두 하나님의 것이에요. 이 땅에 있는 동안 하나님이 우리에게 맡기신 것이랍니다. 대통령도 국민에게 5년 동안 권한을 위임받아 나라를 다스리는 관리자에 불과한 것처럼 말이에요. 우리는 하나님이 우리 각자에게 맡기신 재산을 하나님 사랑과 이웃 사랑의 도구로 사용해야 해요. 왜냐하면 그리스도인은 그리스도 예수의 말씀을 듣기로 작정한 청지기이기 때문이죠.

제9계명, "네 이웃에 대하여 거짓 증거하지 말라": 거짓과 타협하지 않는 정직한 삶

불에 의한 재난인 화재, 홍수로 인한 수재보다 더 무서운 재앙이 있어요. 그것은 바로 인재 중의 으뜸으로서, 세 치 혀로 촉발되는 설화(舌禍)예요. 우리의 혀는 불과 같아요. 혀는 잘못 사용하면 사람은 물론이고 가정, 기업, 나라까지 몰락시킬 수 있는 강력한 힘을 갖고 있어요.

> 혀는 불입니다. 혀는 우리 지체 안에 있는 불의의 세계이며 온몸을 더럽히며 인생의 바퀴를 불사르며 지옥 불에 의해 불살라집니다
> 약 3:6

타인을 향한 근거 없는 험담, 법정에서의 거짓 증언, 권력 쟁탈을 위한 중상모략, 습관적인 면피용 거짓말 등은 거짓의 아비인 마귀에게 속고 있다는 증거들이에요.

너희는 너희 아버지인 마귀에게 속해 있고 너희는 너희 아버지가 원하는 것을 하고자 한다. 그는 처음부터 살인자였다. 또 그 안에 진리가 없기 때문에 진리 안에 서지 못한다. 그는 거짓말을 할 때마다 자기 본성을 드러낸다. 이는 그가 거짓말쟁이며 거짓의 아버지이기 때문이다 요 8:44

우리는 더 이상 거짓의 아비인 마귀에게 속한 자가 아니에요. 진리의 하나님을 아버지로 모신 자녀라면, 우리의 입술이 하나님의 성품 가운데 가장 중요한 '신실함'을 닮아 가게 해 달라고 기도해야 해요.

제10계명, "네 이웃의 집을 탐내지 말라": 감사의 삶 회복

지금까지 살펴본 제6-9계명이 주로 세상이 다루는 법처럼 인간의 외적인 행동과 관련된 계명이었다면, 제10계명은 인간의 내면을 다루는 심도 있는 계명이에요. 하나님은 죄를 행동의 차원이 아니라 행동의 근원이 되는 마음의 차원으로 보시는 것이죠. 사도 바울도 자신의 죄를 깨닫게 된 계기를 제10계명으로 보았어요.

율법이 죄입니까? 결코 그럴 수 없습니다. 율법에 비춰 보지 않았다면 나는 죄를 알지 못했을 것입니다. 율법이 "탐내지 말라"고 하지 않았다면 나는 탐심을 알지 못했을 것입니다. 그러나 죄가 계명으로 인해 기회를 타서 내 안에 각종 탐심을 일으켰습니다. 율법이

아름다운 두 돌판, 십계명

없으면 죄는 죽은 것입니다 **롬 7:7-8**

탐욕이란 인간이 갖는 자연스러운 욕구를 넘어서 하나님이 금지하신 것들을 소망하는 거예요. 물질에 대한 지나친 소유 집착, 지식 습득에 대한 지나친 성취 집착, 신분과 지위에 대한 상승 집착, 새로운 이성에 대한 정복 집착, 탐심의 또 다른 변종인 시기와 질투 등은 우리 안에서 계속 반복되는 우상 숭배 행위들이지요.

따라서 제10계명은 제1계명과 그대로 맞닿아 있어요. 탐심은 곧 우상 숭배예요. 이웃의 소유를 탐내지 않는 것은 하나님 외에는 다른 신을 섬기지 않는 사람만이 가능하기 때문이죠. 결국 제10계명의 골자는 먼저 하나님을 깊이 알고, 하나님을 즐거워하고 사랑하며, 하나님의 주권적 섭리를 기쁘게 받아들이는 것이랍니다.

그런데 여기서 질문 하나! 21세기를 살아가는 현대 그리스도인들에게도 약 3,500년 전의 십계명이 여전히 유효한가요? 정답은 "네, 그렇습니다"예요. 하나님이 직접 새겨 주신 십계명은 시대와 지역을 뛰어넘는 절대적인 '윤리적 규범'이기 때문이에요. 그런 의미에서 구약 시대를 지난 신약 시대에도 십계명은 여전히 유효해요. 십계명의 저자 직강인 예수님의 '산상수훈'은 당시는 물론이고 현재를 살아가는 우리에게도 큰 울림을 주는 가르침이죠.

그동안 십계명이 마치 법처럼 딱딱하고 지키기 힘든 명령이라고

만 생각했나요? '법'의 한자어를 떠올려 보세요. 중국인들은 이미 물(水)이 자연스럽게 흘러가는(去) 길이 '법'(法)임을 알고 있었어요. 물은 낮은 곳에 임하기에 다른 것과 다투지 않고, 또 형체가 없기에 서로 조화롭게 뒤섞여 하나가 되죠. 그렇게 물은 서로 하나가 되어 낮은 곳으로, 더 낮은 곳으로 흘러가 바다가 돼요. 또 그렇게 낮은 곳으로 임하고, 빈 곳으로 임해 모든 생명을 살려요. 그리고 물은 스스로의 공을 내세우지 않고 또다시 낮은 곳으로 흘러가요. 노자《도덕경》78장에 이렇게 기록되어 있어요.

"천하막유약어수 이공견강자"(天下莫柔弱於水 而攻堅强者, 천하에 물보다 더 부드럽고 약한 것도 없지만, 그 물은 바위같이 굳고 강한 것을 뚫을 수도 있다).

십계명은 "오직 정의를 강물처럼 흐르게 하고 의를 시냇물이 마르지 않고 흐르는 것처럼 항상 흐르게"(암 5:24) 하는 하나님의 사랑이에요. 이 사실을 우리의 마음에 새길 수만 있다면 약 3,500년 전 아름다운 두 돌판에 새겨 주신 하나님의 사랑이 그리 딱딱하고 지키기 힘든 명령은 아니겠죠?

정말로
종말이 오나요?

#만우절 #육체의_부활 #최후의_심판

"힝~ 속았지?"

매년 4월 1일은 가벼운 거짓말로 남을 속이거나 헛걸음시키는 날인 '만우절'(萬愚節)이에요. 팍팍한 현대인들에게 '하루쯤은 가볍게 웃고 지내자'는 사회적 합의가 이루어져서인지 요즘에는 마케팅이나 홍보에도 종종 활용되곤 해요. 이런 소소한 재미 때문에 동서양을 막론하고 비슷한 풍습으로 자리 잡은 'April Fool's Day'(4월의 바보)는 프랑스에서 시작되었다는 설이 보편적이에요.

16세기 중엽, 프랑스에서는 3월 25일을 신년으로 지내며 4월 1일까지 축제를 진행했어요. 그런데 1564년 당시 프랑스왕이었던 샤를 9세가 고대 로마 시대에 만들어진 율리우스력의 오차를 줄이기 위해 역법(曆法)을 그레고리력으로 변경했어요. 이로 인해 3월 25일에 시작되었던 신년이 1월 1일로 바뀌었죠.

하지만 이 사실을 제대로 기억하지 못하거나 잘 알지 못하는 사람들이 있었고, 그들은 놀림감이 되었어요. 그들은 열리지도 않은 파티에 초대되는 등 헛수고를 했으며, 심지어 사람들의 조롱이 섞인 선물을 받기도 했어요. 이렇게 놀림감이 된 사람들을 프랑스에서는 '4월의 물고기'라는 의미의 '쁘와송 다브릴'이라고 불렀어요. 갓 부화한 물고기처럼 아무것도 모르는 채 쉽게 '낚였기' 때문이죠.

1992년 10월 28일 밤 12시, 공중파 3사는 한 소식을 전하기 위해 동분서주했어요. 부랴부랴 특집 뉴스를 편성했고, 생방송으로 중계차를 연결해 한 종교 집단에 카메라와 마이크를 집중시켰어요. 세상의 이목이 초집중된 그 밤, 예수님의 재림과 세상의 종말을 기다려 왔던 2만여 명의 다미(다가올 미래를 대비하라)선교회 신도들은 그렇게 허망하게 낚였고, 세상은 그들을 '4월의 물고기'를 바라보듯 바라보았어요.

종말의 날짜를 예언하며 교회와 세상에 큰 물의를 일으켰던 사이비 시한부 종말론자들이 지나간 이후로 교회들은 예수님의 재림과 인류의 종말에 대해서 이야기하는 것을 매우 조심스러워하기 시작했어

정말로 종말이 오나요?

요. 공예배에서 점점 종말에 대한 설교가 줄어들었고, 교리 공부에서도 살짝 훑는 정도에 그치는 등 "종말"은 교회에서도 부담스러운 주제가 되어 버린 것이 사실이에요.

하지만 종말은 결코 노스트라다무스 같은 예언가들이나 SF(공상 과학 소설)와 재난 영화의 소재로 내어 줄 만한 세상의 주제가 아니에요. 종말론(終末論, Eschatology)은 교회가 또렷하고도 분명하게 견지해야 할 기독교의 핵심 교리이자 최종 결론이랍니다. 왜냐하면 성경은 인류의 창조와 타락, 구속, 완성이라는 성경적 역사관을 바탕으로 예수님의 초림으로부터 시작된 종말과 예수님의 재림으로 완성될 종말에 일관된 방점을 찍고 있기 때문이에요.

그렇다면 예수님의 '재림'에 좀 더 귀를 기울여 볼까요? 인류의 역사를 뚫고 들어오신 예수님은 초림, 죽으심, 부활, 승천이라는 4개의 실제적인 역사의 문을 지나셨고, 이제 최후의 관문인 재림만을 앞두고 계세요. 그날이 언제일지는 아무도 알 수 없으나, 예수님이 재림하시는 그날은 단연코 인류 최고의 역사적인 날이 될 거예요. 만약 그 역사적인 날을 영화로 만든다면 제목을 무엇이라 붙이면 좋을까요?

"짜잔~ 커밍 쑨! 〈육체의 부활과 최후의 심판〉"

먼저, '육체의 부활'부터 이야기해 보죠. 앞서 "고백해 봤니? 사도신경으로!"에서 언급했듯이, 성경은 인간의 죽음을 크게 3가지로 보고 있어요. 인간의 영혼과 몸이 분리되는 '육체의 죽음', 인간의 영혼이 하나님과 분리되는 '영혼의 죽음', 그리고 인간의 영혼과 몸 전체가 영원히 지옥으로 떨어져 하나님과 분리되는 '영원한 죽음'이 그것이에요.

육체의 죽음은 단지 늙기 때문에 찾아오는 것이 아니라, 사실 하나님께 범한 죄 때문에 일어나게 된 거예요. 육체의 죽음을 맞이한 사람의 영혼은 어떻게 될까요? 불교나 힌두교에서 말하는 것처럼 환생을 해서 다른 존재로 다시 태어날까요? 여호와의증인이 말하는 것처럼 영혼이 잠자고 있을까요? 유물론자들이 말하는 것처럼 영혼 자체가 사라져 버릴까요? 로마 가톨릭이 말하는 것처럼 연옥에서 대기하고 있을까요?

이처럼 죽음 이후의 영혼에 대해 각자 다양한 입장이 존재해요. 하지만 성경은 사람의 죽음을 결국 흙으로 돌아가는 육체와 인격적 특성을 유지한 영혼이 가게 될 두 곳으로 설명해요. 과연 그 두 곳은 어디일까요? 그중 하나는 성도의 영혼이 가는 '아브라함의 품'이라고 일컫는 낙원(paradise)이고, 또 하나는 불신자의 영혼이 가게 될 지옥(하데스)으로, '음부'라고도 불리지요.

그곳으로 가게 된 영혼은 예수님의 재림 때 다시 육체와 결합해 새로운 부활로 일어나게 돼요. 놀라운 사실은, 그때 성도의 몸도 부활하지만 불신자의 몸도 함께 부활한다는 거예요. 그러나 두 부활은 근본적으로 다른 부활이에요. 성도의 부활은 영생으로 가기 위한 '생명의 부활'이지만, 불신자의 부활은 영원한 죽음을 향한 '심판의 부활'이기 때문이지요.

정말로 종말이 오나요?

불신자도 부활한다니 깜짝 놀랐죠? 그래서 예수님이 놀라지 말라고 말씀하신 거예요.

> 이것에 놀라지 말라. 무덤 속에 있는 모든 사람들이 아들의 음성을 들을 때가 온다. 선한 일을 행한 사람들은 부활해 생명을 얻고 악한 일을 행한 사람들은 부활해 심판을 받을 것이다 요 5:28-29

부활은 죽은 나사로가 살았다가 결국에는 다시 죽은 '소생'(蘇生)과는 본질적으로 다른 차원의 개념이에요. 우리 몸이 완전히 다른 상태로 변화되었다가 다시 살아나는 것이에요. 우리의 부활을 몸소 먼저 보여 주신 부활의 첫 열매 예수님처럼 말이죠.

부활한 몸은 하나님의 보좌 앞에 설 수 있으며 그리스도와 함께 왕 노릇 하는 영광스러운 몸이에요. 더 이상 죄와 싸울 필요도, 질병에 사로잡힐 일도 없는 '신령한 몸'이 되는 것이죠. 그래서 성도는 육체적인 죽음을 맞이하더라도 이미 부활의 예수님과 연합되어 있기에 절망할 이유나 슬퍼할 까닭이 없는 거예요.

> 그러나 이제 그리스도께서 죽은 사람들 가운데서 다시 살아나셔서 잠자는 사람들의 첫 열매가 되셨습니다 고전 15:20

예수님의 재림 때 육체의 부활과 더불어 일어날 '최후의 심판'은 역사의 피날레를 장식하는 화룡점정(畵龍點睛)이자, 하나님의 공의를 최고조로 드러내는 영광스러운 완성이에요. 최후의 심판은 성도들이 영원히 살아갈 '새 하늘과 새 땅'을 드러내고, 불신자들이 영원히 고통받게 될 불 못(지옥, 게헨나)을 드러내는 사건이에요. 영생과 영벌이 갈리는 순간이자, 모든 것이 밝히 드러나고 정리되는 순간이죠.

희고 큰 보좌에 앉으신 분 앞에서 이루어지는 최후의 심판은 '죽임을 당한 어린양의 생명책'에 근거한 심판이에요. 또한 '행위책'에 근거해 성도는 상급의 차이가 결정될 것이고, 불신자는 형벌의 차이가 결정될 거예요. 구원은 하나님의 행위로 이루어진 전적인 은혜의 결과이지만 상급은 성도의 행위로 이루어진 전적인 인생의 결과라는 사실을 잊어서는 안 돼요. 졸업식에 시상식이 절대 빠져서는 안 되는 것처럼 말이죠.

> 책들이 펼쳐져 있는데 또 다른 책, 곧 생명의 책도 있었습니다. 죽은 사람들이 책들 안에 기록된 대로 심판을 받았는데 그 안에는 그들의 행위가 기록돼 있었습니다. 계 20:12

우리는 예수님의 재림을 간절히 기다려야 해요. 예수님이 재림하셔야 우리 개인의 구원이 완성되고, 인류의 역사가 완성되기 때문이에요. 그날에 죽음과 사탄으로부터 완전히 해방되고, 온 피조 세계도 온전하게 회복되는 새 하늘과 새 땅이 활짝 열리게 될 거예요. 예수님의 재림을 통해 비로소 하나님의 주권과 하나님의 영광이 만천하에 드러나고 하나님의 나라가 완성되는 것이죠. 그래서 우리는 거룩한 행실과 깨어 있는 삶으로 그날을 간절히 사모해야 하는 거예요.

이 모든 것이 이렇게 해체될 것이니 여러분은 어떤 사람이 돼야 하겠습니까? 여러분은 거룩한 행실과 경건함으로 하나님의 날이 임하기를 바라며 간절히 사모하십시오. 그날에 하늘이 불에 타 해체되고 그 구성 물질들이 불에 녹아 버릴 것입니다. **벧후 3:11-12**

깨어 있는 삶이란 예수님의 재림을 사모하는 기도의 삶이고, 거룩한 삶을 살기 위해 피 흘리는 분투의 삶이며, 땅 끝까지 복음을 선포하는 전도자의 삶이에요. 그렇게 우리는 깨어 있는 '심부름꾼'으로 부르심을 받은 사람들이랍니다. 태초부터 우리를 향하신 하나님의 '본심', 아들을 내어 주기까지 사랑하신 하나님의 '결심', 지금 이 순간에도 우리에게서 눈을 떼지 않으시는 하나님의 '열심'! 그 하나님의 마음(心)으로 부르심을 받은 '심(心)부름꾼'으로 말이에요.

어제가 지나 오늘이 왔고, 오늘이 지나 내일이 오듯이 정말로 종말은 와요. "지금 내가 헛되이 보내고 있는 오늘은 어제 죽은 이가 그토록 갈망하던 내일이었다"라는 말처럼, 오늘을 내 인생의 마지막 날처럼 살아간다면, 내일 예수님이 오실 것처럼 살아간다면 우리는 매일매일 깨어 있는 삶을 살 수 있을 거예요.

그래서 종말을 준비하는 삶은 '나는 여전히 이 땅에 두 발을 딛고 서 있지만 결국에는 하늘에 속한 사람'이라는 정체성을 가지고 '내 눈을 이 세상에만 두지 않으리라' 마음먹는 축복의 다짐이에요. 신랑을 기다리는 신부의 마음으로 장차 오실 예수님을 순결하게 기다리는 삶이지요. 그래서 '종말론적인 신앙생활'은 성도의 건강한 영적 생활을 이끄는 훌륭한 견인차 역할을 한답니다.

　　주께서 호령과 천사장의 소리와 하나님의 나팔 소리와 함께 친히 하늘에서 내려오실 것인데 그리스도 안에서 죽은 사람들이 먼저 일어나고 그다음에 우리 살아남아 있는 사람들이 그와 함께 구름 속으로 들려 올라가 공중에서 주를 만나게 될 것입니다. 그리고 우리는 영원히 주와 함께 있을 것입니다 **살전 4:16-17**

정말로 종말이 오나요?

인류 최고의 베스트셀러,
더 바이블

#비와이 #성경의_주제 #설래임

가온 차트 K-POP 뮤직 어워드(Gaon Chart K-POP Music Awards)는 한 해의 음원들 중에 총데이터양을 집계해 상을 주는 매우 권위 있는 대중음악 시상식이에요. 가온 차트 뮤직 어워드 2017의 주인공은 가수 비와이(BewhY)였어요. 이병윤이라는 본명 대신에 '이유가 되라'라는 의미인 'BewhY'라는 예명으로 활동하는 그는 공개 오디션 프로그램 〈Show Me The Money 시즌 5〉의 우승자 출신이지요. 그가 그날 시상대에서 밝힌 수상 소감은 유튜브에 엄청난 조회 수를 기록할 정도로 파격적이었어요. 바로 성경 말씀을 암송한 것이었죠.

> 태초에 말씀이 계셨습니다. 그 말씀은 하나님과 함께 계셨고 그 말씀은 하나님이셨습니다. 그분은 태초에 하나님과 함께 계셨습니다. 모든 것이 그분을 통해 지음 받았으며 그분 없이 된 것은 아무것도 없었습니다 요 1:1-3

많은 사람은 그의 패기와 당당함에 박수를 보내면서도 사실 궁금증이 더 컸어요.

'무엇이 이 젊은 가수로 하여금 세상의 한가운데서('가온'은 '가운데'라는 뜻의 순우리말) 하나님을 외치게 했을까?'

비와이는 어릴 적부터 갖고 있었던 꿈이 하나 있는데, 바로 시상식에서 자기가 믿는 하나님을 말하는 것이라고 했어요. 암송한 성구처럼 그가 믿는 하나님은 태초부터 계셨던 말씀이시고, 그 말씀에 온전히 붙들린 한 청년이 이제는 그 말씀을 세상에 말한 거예요.

비와이를 사로잡은 그 말씀은 이미 수천 년 전에 문자로 기록되어 전 세계를 뒤덮고 있다 해도 과언이 아니에요. 그 말씀은 인류 역사상 가장 많이 팔린 책이며, 지금도 2,000여 개의 언어로 번역되고 있으며, 전 세계인들에게 가장 큰 영향력을 미치고 있어요. 인류의 역사와 문학, 철학, 정치, 경제, 사회, 문화, 예술 등 전 분야에, 미치지 않

인류 최고의 베스트셀러, 더 바이블

는 영역이 없을 정도로 막강한 영향력을 가진 그 말씀은 이 세상 그 어떤 책도 감히 넘볼 수 없는 '넘사벽'의 아우라를 풍기고 있어요. 그 주인공은 바로 '성경'(聖經, The Bible)이랍니다.

왕으로부터 어부, 농부, 목자, 의사, 학자, 제사장, 장관, 정치가 등 다양한 직업을 가진 40여 명의 기록자들이 구약성경은 히브리어와 아람어로, 신약성경은 헬라어로 기록했어요. BC 1,500년경부터 AD 100년까지 약 1,600년이라는 긴 기간에 걸쳐 기록되었죠.

성경은 전체 66권의 책들로 묶여 있어요. 분량별로 살펴볼게요. 신구약성경 총 1,189개의 장(章, Chapter)과 3만 1,102개의 절(節, Verse)로 구성되어 있어요. 그중 가장 장이 많은 책은 150편까지 있는 구약성경의 시편이고, 가장 짧은 책은 신약성경의 요한이서로, 단 한 장이에요. 또한 가장 절이 많은 장은 시편 119편으로 176절까지 있고, 가장 절이 적은 장은 시편 117편으로 단 2절밖에 없어요. 성경 전체에서 가장 긴 절은 구약성경의 에스더 8장 9절로 총 99자이고, 가장 짧은 절은 신약성경의 데살로니가전서 5장 16절 "항상 기뻐하라"로, 단 6자예요(개역개정 기준).

이렇게 방대한 분량을 가진 성경의 주제는 무엇일까요? 그 주제를 8가지로 간추릴 수 있어요. 성경의 주제는 기독교의 핵심 교리로 직결되기 때문에 매우 중요하답니다. 또 성경의 주제는 후에 교리적으로 잘 조직된 학문으로 정립되었어요.

첫째, 성경은 성경 자체에 대한 정의와 중요성을 말해요.

둘째, 성경은 하나님의 성품과 사역에 대해 말해요.

셋째, 성경은 예수님과 예수님을 통한 구원을 말해요.

넷째, 성경은 성령님과 성령님을 통한 구원의 적용에 대해 말해요.

다섯째, 성경은 인간이 누구이며, 인간이 처한 상태를 말해요.

여섯째, 성경은 죄인이 구원받을 수 있는 방법을 말해요.

일곱째, 성경은 교회와 교회의 사명을 말해요.

여덟째, 성경은 역사와 인류의 종말을 말해요.

문학의 6대 장르가 시, 소설, 희곡, 수필, 평론, 시나리오인 것처럼, 성경 66권도 장르별로 구분할 수 있어요. 먼저, 구약성경 39권은 4개의 장르로 나뉘어요. 모세가 기록한 율법서 5권(창세기, 출애굽기, 레위기, 민수기, 신명기), 이스라엘의 역사가 담긴 역사서 12권(여호수아, 사사기, 룻기, 사무엘상, 사무엘하, 열왕기상, 열왕기하, 역대상, 역대하, 에스라, 느헤미야, 에스더), 아름다운 시(詩)와 지혜가 듬뿍 담긴 시가서 5권(욥기, 시편, 잠언, 전도서, 아가), 선지자들의 예언(預言, 말씀을 맡음)이 담긴 선지서 17권(이사야, 예레미야, 예레미야애가, 에스겔, 다니엘, 호세아, 요엘, 아모스, 오바댜, 요나, 미가, 나훔, 하박국, 스바냐, 학개, 스가랴, 말라기)이에요.

역시 신약성경 27권도 4개의 장르로 나눌 수 있어요. 예수님의 이야기가 담긴 복음서 4권(마태복음, 마가복음, 누가복음, 요한복음), 초대교회와 사도들의 행적을 다룬 역사서 1권(사도행전), 바울과 여러 사도들이 쓴 편지글인 서신서 21권(로마서, 고린도전서, 고린도후서, 갈라디아서, 에베소서, 빌립보서, 골로새서, 데살로니가전서, 데살로니가후서, 디모데전서, 디모데후서, 디도서, 빌레몬서, 히브리서, 야고보서, 베드로전서, 베드로후서, 요한일서, 요한이서, 요한삼서, 유다서), 사도 요한이 밧모섬에서 쓴 예언서 1권(요한계시록)이에요.

구약성경 39권		신약성경 27권	
율법서	창, 출, 레, 민, 신	복음서	마, 막, 눅, 요
역사서	수, 삿, 룻, 삼상, 삼하, 왕상, 왕하, 대상, 대하, 스, 느, 에	역사서	행
시가서	욥, 시, 잠, 전, 아	서신서	롬, 고전, 고후, 갈, 엡, 빌, 골, 살전, 살후, 딤전, 딤후, 딛, 몬, 히, 약, 벧전, 벧후, 요일, 요이, 요삼, 유
선지서	사, 렘, 애, 겔, 단, 호, 욜, 암, 옵, 욘, 미, 나, 합, 습, 학, 슥, 말	예언서	계

또한 성경은 여느 책과 달리 총 7가지의 특성을 가지고 있어요.

첫째, 성경을 통해 하나님을 볼 수 있는 '계시성'

둘째, 성령의 감동으로 기록된 '영감성'

셋째, 영적 생활의 절대적 법칙인 '권위성'

넷째, 구원과 영적 성숙을 위한 '필요성'

다섯째, 구원은 오직 말씀으로 가능하다는 '충분성'

여섯째, 성도라면 누구나 이해 가능한 '명백성'

일곱째, 신적인 권위를 가진 성경 목록상의 '정경성'

이러한 특성 때문에 성경이 성도들의 영적 성장과 교육에 절대적인 잣대(Canon)가 될 수 있는 것이랍니다. TV 프로그램 제목인 〈내 몸 사용 설명서〉처럼 성경은 성도의 삶에 절대적 잣대로 놓을 '내 영혼 사용 설명서'라고도 할 수 있지요.

모든 성경은 하나님의 감동으로 된 것으로 교훈과 책망과 바르게 함과 의로 교육하기에 유익하니 딤후 3:16

성경은 하나님의 구원 계획이 정교하게 녹아든 구원 로드맵이에요. 성부 하나님의 구원 계획부터 성자 예수님의 아름다운 구속, 성령 하나님의 구원의 적용이 다 이 로드맵 안에서 실현되고 있어요. 구원에 대한 청사진을 마련하신 하나님은 사랑하는 아들 예수님을 구속(拘束, imprisonment)하셨고, 아버지께 순종함으로 십자가에서 우리를 구속(救贖, redemption)하신 예수님은 성령님을 우리에게 보내 주셨으며, 성령님은 성도들 안에서 교통하시며 그 구원을 적용하고 계세요.

성령님은 오직 성경을 통해 우리의 구원을 완성해 가세요. 성령님은 우리를 하나님의 자녀로 불러 주시고(소명), 거듭나게 하시며(중생), 회개하고 예수님을 믿게 해 주시고(회심), 의인으로 칭함 받도록 해 주시며(칭의), 그리스도와 하나 되게 하시고(연합), 하나님의 자녀가 되게 해 주시며(양자), 거룩하게 해 주시고(성화), 끝까지 믿음을 지키게 하시며(견인), 구원의 확신을 주시고(확신), 마침내 몸의 부활과 영생으로 우리를 영화롭게 해 주세요(영화).

무더운 여름철에 많이 찾는 빙과류 가운데 '설레임'이라고 있어요. '마음이 들떠서 두근거림'이라는 뜻을 가진 우리말 '설렘'의 잘못된 표현이기는 하지만, '설래임'(雪來淋)이라는 한자어를 차용해 '눈이 오는 것 같은 시원한 아이스크림'이라는 특성을 제대로 표현했다고 볼 수 있죠.

무더운 어느 날 설레임을 사기 위해 편의점에 들어간 적이 있어요. 점원 앞에 서서 설레임이 있냐고 물어볼 참이었는데, 갑자기 그 단어가 생각이 안 나는 거예요.

"설… 설… 설… 뭐였는데?"

한참 만에 제 입에서 튀어나온 말,

"저, 망설임 있어요?"

정말 신기한 것은 점원이 한 치의 망설임도 없이 제게 설레임을 찾아 주었다는 사실이죠. 설레임을 먹을 때마다 그때 일이 생각나 혼자 웃으며 문득 이런 생각을 해 봐요.

'하나님의 말씀(說)을 잊어버리고(忘) 방황의 숲(林)에서 헤매는 망설임(忘說林)의 하루가 아니라, 하나님의 말씀(說)이 내게로 와서(來) 내 안에 임재(臨)하는 설래임(說來臨)의 하루가 쌓이고 쌓이면 그 인생은 얼마나 하나님의 가슴을 시원하게 해 드리는 복된 삶이 될까?'

언젠가 떨어질 꽃과 같은 우리 인생에 유일한 해답은 영원히 함께하시는 하나님의 말씀뿐이에요. 그 말씀은 인류 최고의 베스트셀러, '더 바이블'이랍니다.

Part 4   심장이 쿵쿵

성경이 내 삶의
나침반이라고요?

하나님의 절친,
아브라함

#우정 #한_배 #이삭 #번제물

"쉬는 시간에 이야기할 친구가 없어요", "점심시간에 같이 밥 먹을 친구가 없어요."

새 학년이 될 때마다 학생들로부터 듣는 볼멘소리예요. 그도 그럴 것이 제대로 된 친구가 없이 학교생활을 하는 것만큼 힘든 일은 없을 거예요. 철저하게 소외되어 홀로 된 느낌, 그 심정은 막상 당해 보지 않은 사람은 상상도 못할 고통이에요. 단 한 명의 절친만 있다면 지옥 같은 학교생활도 천국으로 바뀔 것이라는 사실은 두말할 나위가 없죠. 만약 우리 친구들에게 이미 편안하게 같이 다닐 친구가 있다면 주위에 홀로 다니는 친구가 있는지 살펴보는 따뜻한 시선이 있었으면 좋겠어요.

혹시 진정한 친구를 사귀고 싶다면 용기를 내어 친구와 같은 경험을 나누세요. 분위기와 관심사, 감정과 목적을 공유해야 한다는 말이에요. 동일한 경험이 계속 쌓이면 결국 '우정'이라는 매우 탐스러운 열매를 맺게 된답니다.

성경을 보면, 하나님으로부터 '친구'라는 영광스러운 호칭을 받아 우정의 관계를 맺은 한 사람이 등장해요. 바로 아브라함이지요.

> 우리 하나님이여, 주께서 주의 백성 이스라엘 앞에서 이 땅에 살던 사람들을 쫓아내시고 그 땅을 주의 친구인 아브라함의 자손들에게 영원히 주시지 아니하셨습니까? 대하 20:7

> 그러나 너 이스라엘, 내 종아, 내가 선택한 야곱아, 내 친구 아브라함의 자손들아 사 41:8

구약의 하나님으로부터 친구라는 호칭을 듣는 것은 매우 이례적인 경우예요. 아무리 아브라함이 우리 믿음의 조상이라고는 하지만, 과연 그는 어떻게 하나님과 친구 관계까지 맺을 수 있었을까요? 나이

하나님의 절친, 아브라함

면에서나, 인격 면에서나, 능력 면에서나, 뭐 하나 동등한 위치나 자격이 없는데, 하나님은 왜 그를 친구라고 불러 주셨을까요?

그 이유는 바로 하나님과 아브라함이 한 배를 탄 경험이 있었기 때문이에요. 원래 '우정'(friendship)이라는 단어는 '친구(friend)와 같은 배(ship)를 탔다'라는 의미의 어원을 갖고 있어요. '같은 배를 탔다'는 것은 '생사고락(生死苦樂)을 함께했다'는 의미예요. 하나님과 아브라함에게는 남모를 감정과 경험이 공유되어 있었답니다.

창세기 22장 2절에서 하나님은 아브라함에게 누가 봐도 너무나 황당하고도 잔인한 요구를 하나 하셨어요. 어떻게 100세에 낳은 귀한 아들의 심장에 칼을 꽂을 수 있단 말입니까?

하지만 이 끔찍한 명령 앞에 아브라함은 황당하게도 순종했어요. 처음 명령을 들었을 때 아브라함은 아마도 '멘붕'에 빠졌을 거예요. 몸부림치며 꼬박 밤을 지새웠겠죠. 하지만 그는 아침 일찍 일어나 나귀에 안장을 얹고 출발했어요(창 22:3). 게다가 돌쇠 같은 하인 둘과 이삭을 데리고 모리아 땅에 있는 산을 향해 떠났어요. 꼬박 3일이나 걸리는 고된 여행길이었음에도 아브라함은 우리가 흔히 넘어가는 작심삼일의 유혹을 이겨 냈어요. 산 위로 올라갈 때 하인을 데려가지 않았지요.

"하나님, 제가 이삭을 바치려 하는데 하인들이 말리는 힘이 워낙 세서요."

아브라함은 이런 시나리오의 유혹도 이겨 냈던 것이죠. 마침내 아브라함은 손에 칼을 들고 이삭의 심장을 겨냥했어요.

그때 하나님이 "아브라함아, 아브라함아!"하고 그를 두 번이나 부르셨어요(창 22:11). 아브라함의 거침없는 순종에 하나님도 다급하게 반응하신 것이지요. 정말 아브라함은 단순한 쇼(show)가 아니라 진짜로 자기 아들을 죽여서 하나님께 바치려고 했던 거예요.

그런데 성경에 진짜로 자기 아들을 죽인 매정한 아버지가 계세요. 아들, 그것도 독생자(獨生子)를 죽인 그 아버지는 바로 우리 하나님이세요. 우리를 향한 그분의 지나친 사랑이 당신의 아들을 무참하게 희생시켰지요.

> 하나님의 사랑이 우리에게 이렇게 나타났습니다. 곧 하나님께서 자기 독생자를 우리에게 보내 주셔서 그분으로 말미암아 우리가 생명을 얻게 하신 것입니다 **요일 4:9**

하나님이 죄에 갇힌 인간을 죽음에서 건져 올리기 위해 택하신 유일한 방법은 아들 예수를 십자가에 매달아 죽이는 것이었어요. 죽어 가는 아들을 바라보시는 아버지 하나님의 마음을 상상해 본 적이 있나요? 십자가에 달리신 그날, 정오부터 오후 3시까지 온 땅이 어둠으로 뒤덮인 것은(마 27:45) 아버지 하나님의 슬픈 마음의 표현이었던 거예요.

"엘리 엘리 라마 사박다니"(내 하나님, 내 하나님, 어째서 나를 버리셨습니까?)

하늘을 향해 절규하는 자기 외아들을 그저 지켜볼 수밖에 없으셨던 하나님의 아픔과 슬픔을 가장 잘 공감한 이가 누구였을까요? 아니, 어쩌면 훨씬 그 이전부터, 앞으로 당신의 아들이 져야 할 십자가를 놓고 고민하시는 하나님 곁에서 그 아픈 마음을 함께 공감하고 위로할 수 있었던 이가 누구였을까요?

가상칠언(架上七言, 예수님이 골고다 십자가에 매달려 남기신 7가지 말씀)을 마치신 예수님의 마지막 호흡이 끊긴 순간 수많은 천사와 성도가 천국에서 하나님 곁에 함께 있었을 테지만, 아브라함만큼이나 하나님의 마음을 잘 이해한 이가 있었을까요? 눈에 넣어도 아프지 않을 아들, 이삭을 번제물로 바치는 찢어지는 고통을 이미 경험했던 아브라함이 아닙니까.

이렇게 하나님과 아브라함은 한 배를 탄 경험이 있었고, 같은 감정과 경험을 공유한 사이였어요. 어쩌면 '친구'로 우정을 나누는 것이 너무도 당연한 것 아닐까요?

아브라함이 아들 이삭을 번제물로 바치는 문제로 잠 못 이루던 그날 밤, 어쩌면 하나님이 아브라함에게 복음의 비밀을 넌지시 알려 주시지 않았을까요?

"아브라함아, 잠 못 이루며 이삭의 목숨을 놓고 고민하는구나. 아브라함아, 내게도 비슷한 고민이 있구나. 앞으로 나도 너와 네 자손들과 이 세상을 위해 내 아들을 죽여야 한다. 그러나 내 아들은 죽음을 이기고 부활할 것이다. 아브라함아, 내가 이삭을 다시 살려 낼 테니 나를 믿고 이삭을 내게 바쳐 볼 수 있겠니?"

아브라함은 정말 하나님이 죽은 사람도 살리실 수 있다고 생각해 (히 11:19) 그 위대한 믿음의 순종을 해 낼 수 있었을 거예요.

예수님은 "사람이 자기 친구를 위해 목숨을 내놓는 것보다 더 큰 사랑은 없다"(요 15:13)고 말씀하셨고, 이어서 "나는 이제부터 너희를 종이라고 부르지 않겠다. 종은 주인의 일을 알지 못하지만 나는 너희에게 내 아버지께 들은 것을 모두 알려 주었으니 친구라고 부르는 것이다"(요 15:15)라고 말씀하셨어요. 이제 더 이상 아브라함을 부러워하지 않아도 돼요. 우리도 예수님의 친구가 되는 영광을 얻었으니까요.

그렇다면 예수님과의 절친 관계가 계속해서 잘 유지되기 위해서는 무엇이 요구될까요? 예수님과 공유할 만한 '우정'이 우리 안에 있는지 매일매일 점검해야 해요. 고통과 슬픔뿐만 아니라 부활의 소망과 기쁨까지 모든 것을 공유한 하나님의 친구 아브라함처럼 말이죠.

짐승 같은 사람 vs
하늘에 속한 사람

#나귀 #발람 #육체의_쾌락

　'물활론적(animism) 사고'라는 말을 들어 본 적 있나요? 생명이 없는 대상에게도 곧잘 생명과 감정을 불어넣는 어린아이들은 가끔 무생물도 살아 있는 것으로 인지해 반응하곤 해요. 그런데 장 피아제라는 학자에 따르면, 물활론은 대개 4-6세의 영유아들에게서 현저하게 나타난대요. 예컨대 달걀에다가 단순한 모양의 눈, 코, 입만 그려 넣어도 살아 있는 생명체로 인지하고, 인형이나 동물을 친구로 인식해 대화를 시도하는 경우예요. 이처럼 물활론적 사고는 순수한 동심(童心)의 전형적인 모습이라고 할 수 있어요.

얼마 전 일본에서는 개나 고양이 같은 애완동물이 죽었을 때 조·부모 사망 때처럼 애도를 표하고 장례를 치를 수 있도록 최대 3일 간 휴가를 주는 기업이 등장했어요. 그 회사 직원은 애완동물을 잃은 슬픔이 가족을 잃을 때의 슬픔과 다를 바 없기 때문에 가족을 애도하는 것처럼 애완동물의 죽음을 애도하고, 더 이상 고통 없는 천국에 가기를 소망한다고까지 했어요.

이처럼 더 이상 '애완'(pet)이 아닌 사람의 '반려'(companion) 대상으로 격상된 동물들의 신분적 상승은 심정적으로는 어느 정도 이해는 돼요. 하지만 애석하게도 성경에 동물은 천국에 가지 못한다고 나와요.

사람의 영혼은 위로 올라가고 짐승의 혼은 땅속으로 내려간다고 하는데 그것을 누가 알겠는가? 전 3:21

자칫 동심이 파괴될 수 있는 내용일지 모르나, 성경을 믿는 친구들이라면 동물과 인간의 궁극적인 차이를 제대로 알아야 해요. 그것은 바로 동물에게는 '하늘나라'라는 관념이 전혀 없다는 것이에요. 반면 인간에게는 이 세상이 아닌 다음 세상, 즉 하늘나라에 대한 지식과 그 나라를 사모하는 마음이 있죠. 한마디로, 동물과 인간은 소속이 달라요. 동물이 '땅에 속한 존재'라면, 인간은 '하늘에 속한 존재'예요.

그러므로 동물의 혼은 결국 땅으로 내려가고, 인간의 영혼은 하늘나라로 올라가죠. 이런 측면에서 베드로후서는 전도서 말씀을 기막히게 심화시켰어요.

> 이들은 본래 잡혀 죽기 위해 태어난 이성 없는 짐승 같아서 알지도 못하는 일들을 모독합니다. 그러다가 그들은 결국 멸망을 당하고 말 것입니다. **벧후 2:12**

일단 성경은 짐승을 '잡혀 죽기 위해 태어난 존재'라고 표현해요. 그런데 중요한 것은 이처럼 멸망할 짐승과 동등한 존재가 인간 가운데도 있다는 것이에요. 이어지는 베드로 사도의 설명을 보면, 짐승과도 같은 사람들에게는 다음과 같은 특징이 있어요.

첫째, 대낮에 흥청거리는 것을 기쁨으로 여겨요(벧후 2:13). 짐승과 같은 운명을 지닌 사람들의 인생 최종 목표는 "인생 뭐 있어? 낮이나 밤이나 먹고 마시고 즐기는 거지"라는 한 문장이에요. 둘째, 음탕이 가득한 눈을 가지고 범죄하기를 쉬지 않아요(벧후 2:14). 인생의 목표가 즐기는 것이니, 육신적으로 즐길 만한 것을 찾아 헤매며 사는 것이 당연하죠. 셋째, 연약한 영혼들을 끊임없이 유혹해요(벧후 2:14, 18). 주변에 있는 선량한 사람들을 자기들의 쾌락 추구에 끌어들여 공범이 되게 하는, 소위 물귀신 작전을 펴는 것이죠.

베드로는 이와 같은 특징을 지닌 짐승 같은 사람들의 대표로서 구약성경에 등장하는 발람을 예로 들었어요.

> 그들은 유혹을 받아 바른길을 떠나서 브올의 아들 발람의 길을 따
> 라가는 사람들입니다. **벧후 2:15**

발람은 이스라엘 백성이 광야를 횡단하고 있던 당시에 모압 근처
에 살던 메소포타미아의 예언자예요. 그는 모압왕인 발락에게서 모압
땅으로 들어오려는 이스라엘 백성을 저주해 달라는 부탁을 받았어요.
그때 발람은 이스라엘이 하나님의 복을 받은 백성이므로 저주하지 못
하겠다는 꽤 기특한 말까지 했죠. 하지만 결국 이스라엘을 멸망시키
는 비법을 모압왕에게 일러 주고 말았어요.

> 발람은 발락을 가르쳐 이스라엘 자손 앞에 올무를 놓아 우상에게
> 바쳐진 제물을 먹고 음란한 행위를 하게 했다 **계 2:14**

발람은 도대체 왜 이스라엘이 하나님의 백성이라는 것을 알면서
도 모압왕의 편을 들어 그들을 멸망시키는 일에 동참했을까요? 다름
아닌 물질에 대한 욕심 때문이었어요. 발람의 욕심이 진행되는 동안
에도 하나님은 경고하심으로 그를 찾아가셨어요. 모압왕 발락을 향해
가는 발람 앞에 칼을 든 천사가 서 있었던 것은 발람의 변절에 대한
하나님의 경고였어요. 또한 천사의 모습을 보지 못하고 은과 금에 눈

이 멀어 흥얼거리며 모압 궁전을 향해 가는 발람에게 그의 나귀가 이상한 행동을 한 것도 하나님의 경고였죠.

발람의 나귀는 칼을 들고 막아선 여호와의 천사를 보고는 길에서 벗어나 밭으로 들어갔어요. 또다시 막아선 천사를 피해 이번에는 벽 쪽으로 몸을 바짝 붙였어요. 그 바람에 발람의 발이 벽에 짓눌렸어요. 그러다가 피할 곳이 없는 좁은 길에 서 있는 여호와의 천사 앞에서 그만 발람 밑에 주저앉고 말았지요. 화가 난 발람은 지팡이로 나귀를 세 번이나 때렸어요. 그때 갑자기 나귀가 입을 열어 응수했어요.

내가 뭘 했다고 나를 이렇게 세 번씩이나 때립니까? 민 22:28

분명 이 상황이 너무나 황당했겠지만, 발람도 나귀에게 따지듯 말했어요.

네가 나를 놀리지 않았느냐! 내 손에 칼이 있었다면 지금 당장 너를 죽였을 것이다 민 22:29

그러자 또 나귀가 흥분해서 말했어요.

나는 당신이 오늘까지 항상 타고 다니던 당신 나귀가 아닙니까? 내가 당신에게 이런 식으로 행동하는 버릇이 있었습니까? 민 22:30

마치 영화 〈슈렉〉에서 슈렉과 수다쟁이 당나귀 덩키가 아웅다웅하는 장면 같지 않나요? 그러나 이것은 상상의 예술, 영화가 아니랍니다. 동물이 말을 하는 놀라운 이 장면은 물질에 눈이 어두워 짐승 같은 인생을 살아가는 발람을 하나님이 추적하신 거예요.

이렇게 하나님의 뜻을 직접 듣고 경고를 받았음에도 불구하고 육신적인 욕심에 눈이 먼 발람은 그 길을 계속 갔어요. 은과 금을 향한 욕망의 길을 끝까지 걸어간 것이죠. 이러한 발람을 가리켜 성경은 '짐승과 같은 사람'이라고 표현해요. 그는 "지각없는 짐승들처럼 본능으로 아는 것들로 인해 파멸에 이르게 되고, 가인의 길을 따랐고, 자기의 이익을 위해 발람의 어긋난 길로 몰려갔으며, 고라의 반역을 도모하다가 멸망을 당하는"(유 1:10-11) 어처구니없는 인생인 거예요.

인간이 동물과 다른 점 중에 가장 중요한 것은 본능에만 충실해 육체의 쾌락만 좇는 것이 아니라 하늘나라에 가서 하나님 앞에 설 것을 대비하며 사는 것이에요. 하늘나라의 기쁨을 위해 땅에서의 고통과 불편을 감수하고 하나님의 뜻을 구하는 모습이 하늘에 속한 참 인간의 모습인 것이죠.

설령 발람이 자신이 평생 타고 다녔던 나귀보다 유려한 언어를 구사했는지는 몰라도, 나귀만도 못한 허무한 인생으로 전락한 그는 우리 모두의 반면교사(反面教師)가 아닐까요?

갈등을 해결하시는
주님의 손

#베드로의_장모 #스트레스성_화병 #걸_크러쉬

로마 가톨릭에서 말하는 초대 교황은 AD 64년경 로마 바티칸 언덕에서 십자가에 거꾸로 매달려 순교한 예수님의 수제자 베드로에요. 그런데 많은 가톨릭 신자들조차 잘 모르는 사실이 하나 있어요. 베드로의 뒤를 이은 수많은 교황이 총각인 반면에 베드로는 유부남이었다는 사실 말이에요. 예수님의 12사도들은 물론 초대교회의 지도자들이었던 예수님의 친동생 야고보와 유다까지도 대부분 결혼생활을 했어요. 성직자들이 결혼하는 것은 초대교회 때부터 결코 이상한 일이 아니었음을 알 수 있어요. 게다가 베드로 사도의 경우 그의 장모에 대한 이야기가 공관복음(마태, 마가, 누가복음) 곳곳에 등장해요.

> 그들은 회당에서 나와 곧바로 야고보와 요한과 함께 시몬과 안드레의 집으로 갔습니다. 이때 시몬의 장모가 열병으로 앓아누워 있었습니다. 사람들은 즉시 이 사실을 예수께 말씀드렸습니다. 그래서 예수께서 그 여인에게 다가가서서 손을 잡고 일으키셨습니다. 그러자 그 즉시 시몬 장모의 열이 떨어졌습니다. 곧바로 그 여인은 그들을 시중들기 시작했습니다 막 1:29-31

이 말씀에서 흥미로운 사실 하나를 발견했나요? 베드로의 집에 그의 장모가 함께 살고 있었다는 사실이에요. 그것도 아직 총각이었던 베드로의 동생 안드레와 같이 말이죠.

복음서에서 이 집을 "베드로의 집"(마 8:14), "시몬과 안드레의 집"(막 1:29), "시몬의 집"(눅 4:38)이라고 말하는 것으로 보아, 베드로가 처가살이를 한 것이 아니라 형편이 어려운 장모를 자기 집에 모시고 살았던 것 같아요. 성격이 다소 다혈질이었을망정 힘든 환경 속에서도 성실하게 살아가며 장모에게 각별하고도 듬직했던 사위가 바로 베드로였던 거예요.

이런 상상을 해 볼 수 있을 것 같아요. 어느 날 베드로의 장모에게

갈등을 해결하시는 주님의 손

청천벽력 같은 소식이 들렸어요. 예수라는 사람이 갈릴리 해변을 지나가다가 그물질하는 베드로 형제를 보고 자기를 따라오면 사람 낚는 어부가 되게 해 주겠다며 사위와 안드레 총각을 꾀어 갔다는 소식이었죠.

'그물을 버리고 예수를 따라가? 그 그물이 대체 어떤 그물인데! 그동안 이 가정을 지탱해 온 유일한 생계수단이 아니란 말인가?'

베드로의 장모는 그야말로 앞이 캄캄하고 막막했어요. 이런 상황에서 장모는 자신의 알토란 같은 노후 대책을 꾀어 낸 예수라는 사람이 얼마나 밉고 괘씸했을까요? 미워하는 감정이 가슴에 단단히 차오르고, 울화(鬱火)를 참는 일이 반복되다가 급기야 장모는 스트레스성 화병(火病)에 걸려 버렸어요. 딸의 인생과 자신의 노후를 망쳐 버린 사위 형제와 그 예수란 작자가 얼마나 꼴 보기 싫었을까요? 그들에 대한 분노와 화가 마침내 온몸에 뜨거운 고열 증세로 나타나 장모는 열병(fever)에 걸리고 말았던 것이죠.

신약성경에는 열병에 걸린 사람이 딱 2명 나오는데 한 사람은 베드로의 장모이고, 또 한 사람은 사도행전 28장에서 바울이 고쳐 준 '열병과 이질'에 걸린 몰타섬의 추장 보블리오의 아버지예요. 둘 다 고열을 동반한 질병이었지만, 원인은 각각 달랐어요. 몰타섬의 추장 아버지의 열병은 '세균성 이질'(shigellosis)이 원인이었던 반면에, 베드로 장모의 열병은 '스트레스성 화병'이 원인이었을 거예요.

이렇게 열병으로 앓아누운 장모를 간병하던 베드로와 안드레는 마침내 가장 확실한 처방으로 예수님을 집으로 모시기에 이르렀어요. 예수님이 베드로의 집에 들어가셨을 때 장모는 자리에 누워 있었어요(막 1:30). 어쩌면 그 웬수(?)가 왔다는 소식에 이불을 머리끝까지 뒤집어쓰고 씩씩거리며 누워 있었는지도 몰라요. 당시 예수님의 눈에는 누가 보였을까요? 하나님 나라를 위해 영광스러운 부르심을 받은 베드로와 안드레와는 달리, 온통 먹고사는 문제에 마음을 빼앗겨 분노와 울화로 썩어 문드러진 병든 여인이 비치고 있었겠죠.

예수님은 바로 다가가 그 가련한 여인의 손을 잡고 일으키셨어요(막 1:31). 당시 종교 지도자들은 병든 여인을 부정하게 여겨 손을 대지 않았겠지만(레 15:19), 예수님은 당신의 손을 내미셨고 잡으셨어요.

병든 베드로 장모의 손을 잡아 일으키신 예수님의 손, 그 손은 어떤 손인가요? 태초에 세상 만물을 만드신 '창조의 손'이자, 모든 고통과 질병을 치유하시는 '능력의 손'이며, 더러운 귀신들을 모조리 쫓아내시는 '권능의 손'이에요. 또한 마침내 온 인류를 구원하기 위해 십자가에 내어 주실 고귀한 '구원의 손'이지요. 그 손이 베드로 장모의 손에 닿는 순간, 울화로 꽉 막혀 있었던 그녀의 가슴으로 '강 같은 평강의 물결'이 밀려들어 왔어요. 그렇게 베드로 장모는 열병(화병)에서 치유되고 회복되어 일어나게 되었지요.

그런 그녀가 곧바로 한 일은 '예수님을 시중드는 것'이었어요. 여기에 '디아코네오'라는 헬라어가 쓰인 것을 보면, 잠깐 감사의 마음을 표현한 정도가 아니라 지속적으로 종이 되어 섬기겠다고 마음먹었던 거예요. 한때 미움의 대상이었던 예수님을 평생 종으로 섬기기로 결심한 베드로의 장모는 이제 완전히 다른 여인이 되었어요.

그렇게 시작된 그녀의 섬김은 최후의 십자가에까지 계속되었어요. 멀리서 십자가 광경을 지켜보고 있었던 여인들 가운데는 막달라 마리아, 작은 야고보와 요셉의 어머니 마리아, 살로메가 있었는데, 그 외에 베드로 장모를 비롯해 예수님을 따라 예루살렘에 온 다른 여인들도 많았어요. 이 여인들은 한결같이 갈릴리에서 예수님을 따르며 섬기던(디아코네오) 사람들이었죠(막 15:40-41). 또한 후에 초대교회의 여선교회 전체를 이끌어 주님이 약속하신 성령을 기다렸어요. 기도의 자리를 지키다 마침내 오순절 성령 강림의 기적을 체험한 "여자들"(행 1:14)의 맏언니이자 초대교회의 원조 '걸 크러쉬'(girl crush)라고 해도 무방할 듯해요.

예수님의 사역 초기에 베드로의 가정에 일어난 이 사건은 사실 오늘날에도 자주 일어나는 일이에요. 구약성경은 이미 "아들이 아버지를 무시하고 딸이 어머니에게, 며느리가 시어머니에게 들고 일어날 것이니 자기 집안사람들이 자기 원수가 될 것이다"(미 7:6)라고 경고했지요. 지금 이 순간에도 불신 가정에서 어렵고도 외롭게 신앙생활 하는 친구들이 있어요. 그들은 사도 바울이 감옥의 간수장에게 전했던 말인, "주 예수를 믿으시오. 그러면 당신과 당신의 집안이 구원을 받을 것입니다"(행 16:31)라는 약속의 말씀을 붙들고 오늘도 안간힘을 쓰며 기도의 자리를 지키고 있어요.

예수님을 자신의 집으로 모시고 간 베드로와 안드레처럼, 먼저 믿은 우리의 삶을 통해 주님의 모습이 우리 가정에 나타날 수 있기를 바라요. 그때 베드로 장모에게처럼 부모 자식 간에, 형제자매 간에, 고부 간에, 장서 간에 일어나는 수많은 갈등이 무색해질 정도로 우리 주님의 구원의 손이 가족들의 손을 잡아 일으킬 거예요.

갈등을 해결하시는 주님의 손

은혜의 바나바 vs
진리의 바울

#훌륭한_인품 #다혈질_바울 #조카_마가

어떤 회사 CEO가 신입 사원 채용을 앞두고 깊은 고민에 빠졌어요. 최종 면접을 통해 2명 중 1명을 뽑아야 하는데, 한 사람은 다소 능력은 떨어지지만 성품이 참 좋고, 또 한 사람은 다혈질에 고집이 세지만 능력이 무척 뛰어났거든요.

우리 친구들이 CEO라면 어떤 사람을 뽑겠어요? 우리 예수님은 2명 다 뽑으셨어요. 그리고 주님의 나라를 위해 정말 귀하고도 멋지게 사용하셨답니다. 공교롭게도 둘 다 '바' 씨 성(?)을 가진, 바나바와 바울이 그 주인공이에요.

신약 시대에 가장 부드러운 신앙인으로 인정받은 사람이 바로 바나바예요. 아주 착하고 온순한 사람이었죠. 그는 때로는 주변을 놀라게 할 만큼 엄청난 결단력을 보여 주기도 했어요. 사도들을 통해서 교회가 세워진 후 믿는 사람들이 모두 한마음 한뜻이 되어 자기 재물을 조금이라도 자기 것이라고 주장하지 않고 가진 것을 모두 공동으로 사용하기까지(행 4:32) 사람들은 매우 주저했을 거예요. 이때 과감하게 제일 먼저 자신의 전 재산을 교회에 바친 사람이 바나바였어요. 그렇게 그는 사도들에게 '위로의 아들'이라는 말을 들을 정도로 과감한 결단으로 온 교회에 큰 위로가 되었답니다.

바나바는 사도들과 함께 교회를 치리하는 지도자의 자리에 서게 되었어요. 바나바가 두각을 드러낸 때는 스데반 집사가 순교한 뒤였죠. 많은 사람이 박해 속에 예루살렘을 떠나 안디옥에 새롭게 교회를 세우고 부흥을 경험할 즈음, 사도들은 바나바를 안디옥에 파송했어요. 안디옥교회 담임목사로 부임하게 된 것이지요.

바나바의 목회는 인격 목회였어요. 능력 있는 설교나 교회 행정력은 금방 주목을 받을 수 있지만, 인격적인 면에서 많은 사람을 감화시키는 것은 오랜 시간이 필요한 힘든 일이죠. 성경은 바나바에 대해 "그는 착하고 성령과 믿음이 충만한 사람이었기 때문에 수많은 사람들이 주께 나오게 됐습니다"(행 11:24)라고 말해요. 바나바는 아름다운 인격으로 안디옥교회를 성공적으로 목회했어요.

훌륭한 인품을 지닌 바나바가 목회하는 안디옥교회가 급성장한 것은 어찌 보면 당연한 일이었어요. 그런데 이렇게 많은 성도가 모이자 전문 사역자가 필요해졌어요. 바나바는 평신도 출신이라는 약점을 과감하게 인정하고, 가말리엘 문하에서 엄격한 율법 훈련을 받은 전문 사역자 바울을 다소까지 가서 모셔 왔어요. 며칠 강사로 초대한 것이 아니라 공동 목회를 제의한 것이었어요. 자신에게 위험 부담이 있는 이런 결정을 내린 바나바는 자신의 안위보다 교회를 먼저 생각하는 진짜 착한 사람이었어요.

안디옥 성도들은 바울의 탁월한 가르침으로 더욱 성숙해 갔고, 비로소 '그리스도인'이라 일컬음을 받게 되었답니다(행 11:26). 이 모든 일은 바울의 탁월한 가르침 덕분이기도 했거니와 바울의 능력을 꿰뚫어 보고 교회를 위해 자신의 입지를 축소시키면서까지 바울을 모셔 온 바나바의 놀라운 인격의 결과였어요.

이에 반해 바울은 너무도 다혈질이었어요. 성격이 지나치게 강했다고 할까요? 어느 정도였냐면, 그 인격자인 바나바와 불화를 일으키고 급기야 큰 싸움을 벌이고 말았죠. 둘 사이에서 일어난 불화의 원인은 바나바의 조카 마가라는 청년에게 있었어요.

바울과 바나바가 성령님의 명령으로 첫 번째 전도 여행을 떠났을 때였죠. 그때 그들은 바나바의 조카 마가와 동행하는 중이었어요. 이들 3명이 배를 타고 처음 간 곳은 바나바의 고향 키프로스섬이었어요. 전도 여행은 잘 진행되는 것 같았어요. 그런데 갑자기 젊은 마가가 여행 포기 선언을 하고 예루살렘으로 돌아가 버린 거예요. 이때 바울에게 마가는 형편없는 청년으로 단단히 찍혀 버렸답니다.

세월이 흘러 바울과 바나바가 두 번째 전도 여행을 떠나려는 계획을 세울 때였어요. 이번에도 마가를 데리고 가자는 바나바의 요청을 바울은 아주 매몰차게 거절해 버렸어요. 바울에게는 사명과 일이 중요한데, 마가는 그런 일에 적합하지 않다고 판단했던 것이지요.

결국 바울과 바나바는 의견 차이를 좁히지 못하고 큰 싸움을 하게 되었어요. 여기에 쓰인 '싸움'의 원어는 '파록쉬스모스'인데, 엄청난 분노와 성냄을 말해요. 최고의 성직자 두 사람이 이성을 잃을 정도로 분노를 폭발한 모습이 상상이 가나요? 결국 바나바는 마가를 데리고 전도 여행을 갔고, 바울은 실라라는 새 얼굴을 동역자로 삼아 떠났어요.

착한 바나바까지 이성을 잃게 만든 바울의 다혈질적인 성격은 그의 일생을 쫓아다닌 잦은 갈등의 원인이 되었어요. 바울은 분명 의로웠고, 강했고, 옳았어요. 그러나 진리는 은혜와 함께 존재할 때 빛을 발할 수 있어요. 공의는 사랑과 함께 존재할 때 아름다운 법이에요. 우리 예수님이 바로 은혜와 진리가 충만한 분이시지요(요 1:14). 주님을 따르는 우리는 항상 이 둘, 즉 은혜와 진리 혹은 사랑과 공의가 우리 안에 공존하도록 노력해야 해요. 좌우로 치우치면 안 된답니다.

그런데 바나바와 바울은 화해했을까요? 고향에 틀어박혀 있던 자

은혜의 바나바 vs 진리의 바울

기를 사역자로 이끌어 준 바나바 선생님과 싸우다니! 이 일이 바울의 마음에 얼마나 걸렸을까요? 게다가 자신이 형편없는 청년으로 낙인 찍었던 마가가 훌륭한 사역자로 성장해 나가는 모습을 본 바울의 심경에는 아마도 변화가 생겼을 거예요. 마가는 후에 베드로 사도의 목회 비서를 하며 살다가 예수님에 대한 첫 번째 책인 마가복음을 쓰게 돼요.

바울은 후에 옥중서신인 골로새서에 "나와 함께 감옥에 갇혀 있는 아리스다고와 바나바의 사촌 마가가 여러분에게 안부를 전합니다"(골 4:10)라고 기록했어요. 바나바의 조카 마가와 함께 옥중에 있음을 시사하는 표현이죠.

초대교회의 믿음의 선배들도 서로 싸우고 화해하는 등 우리와 별반 다르지 않았다고 생각하니 더 친숙하게 느껴지지 않나요? 착하고 인정받은 바나바와 한 성질 하는 실력자 바울을 '은혜의 바나바'와 '진리의 바울'로 조화롭게 엮어 가신 우리 주님이야말로 위대한 MC(Ministry Coordinator, 사역 코디네이터) 아니신가요?

수상보행,
그거 실화냐?

#바실리스크_도마뱀 #맞바람 #샬롬의_권세

바실리스크 도마뱀이라고 들어 봤나요? 지구상에서 유일하게 물 위를 걷는, 아니 뛰어다니는 생물체랍니다. 손바닥만 한 몸 길이로 적이 나타나면 재빨리 이동하기 위해 물 위를 빠른 속도로 질주하는 이 도마뱀의 모습은 마치 묘기 대행진을 보는 것 같아요. 이것은 1초에 무려 20회 정도의 발길질이 가능한 순발력과 물의 표면장력이 결합되어 나타난 결과랍니다.

사람도 표면장력이 생길 수 있을 만큼의 넓은 발바닥과 엄청난 이동 속도, 그리고 그 속도로 달릴 수 있는 다리 근육이 있다면 이론적으로는 물 위를 걸을 수 있어요. 하지만 눈속임 마술이나 특수한 과학적 장치를 제외하곤 그 누구도 물 위를 걸을 수 없어요. 인간은 결코 피할 수 없는 거대한 힘의 지배를 받고 있기 때문이죠. 그것은 바로 모든 과학 이론의 근간이 되는 힘, 곧 '중력'이에요. 지구의 중심을 향한 수직력이 만물에 적용되는 것이죠. 그렇기에 사람은 물 위를 걷지 못하고 밑으로 빠질 수밖에 없어요.

그런데 성경에는 중력을 거스른 장면이 소개되고 있어요. 바로 예수님이 물 위를 걸어 제자들에게 나아가신 장면이지요(막 6:48). 그것도 바실리스크 도마뱀처럼 엄청난 순간 속도로 뛰신 것이 아니라 한 걸음씩 천천히 걸어가셨어요. 왜 성경은 중력을 무시하신 예수님의 신비한 모습을 우리에게 남겨 준 것일까요?

대부분의 사람들은 과학적인 공식 안에서 중력을 이해할 뿐, 사실 지구상에 존재하는 모든 인생은 한 명도 예외 없이 땅속에서 잡아당기는 영적인 중력의 영향 아래 있다는 사실을 잊고 살아요. 땅을 밟고 걸어 다닐 때마다 우리는 영적인 중력의 법칙을 실감해야 해요. 아이작 뉴턴은 사과가 떨어지는 모습을 보고 '만유인력의 법칙'을 발견했지만, 성경의 진리를 아는 우리는 이 법칙을 통해 땅속의 지옥으로 끌려들어 갈 수밖에 없는 인간의 슬픈 운명을 감지해야 해요.

세상 모든 인생의 운명인 사망과 지옥 권세가 강력한 수직의 영적인 중력으로 작동되고 있지만, 우리 예수님께만은 그 어떤 영향력도 미치지 못한다는 점을 웅변하고 있는 장면이 바로 예수님의 수상보행(水上步行) 사건이에요. 그러므로 주의 자녀들은 사망 권세를 이기신 예수님을 통해 지옥의 권세를 벗어나 하늘 소망을 품고 "주께서 내 영혼을 지옥에 버려두지 않으시고 주의 거룩한 분께서 썩지 않게 하실 것입니다"(시 16:10)라고 고백할 수 있어요.

본래 예수님이 물 위를 걸으신 이야기는 오병이어의 기적 이후 제자들이 예수님의 명령을 따라 배를 저어 가는 장면에서 시작해요(막 6:45). 성경은 오병이어의 기적이 있었던 시간을 "날이 저물어 가자"(막 6:35)라고 표현해요. 이를 대략 오후 5시경으로 본다면, 식사 시간을 넉넉히 3시간 정도로 잡을 경우 제자들이 배를 타고 출발한 시각은 저녁 8시경이었을 거예요. 즉 예수님은 그 시각에 제자들을 배에 태워 호수 건너편 벳새다로 먼저 가게 하셨어요(막 6:45).

하지만 이 배는 결국 호수를 건너지 못하고 물에 떠 있었어요. 예수님이 물 위를 걸어 제자들을 찾아오신 때는 "이른 새벽"(막 6:48)이었죠. 그렇다면 그 시간까지 제자들은 무엇을 하고 있었을까요?

호수 건너편까지는 8km 정도 떨어져 있었기에, 순탄하게 항해하면 2-3시간 안에 넉넉히 건널 수 있었어요. 그런데도 그 시간까지 제자들이 "호수 한가운데"(막 6:47) 떠 있었던 이유는 바로 '역풍'(逆風) 때문이었어요. 홀로 산에서 기도하시던 예수님은 "제자들이 강한 바람 때문에 노 젓느라 안간힘을 쓰는 것"(막 6:48)을 보셨어요. 여기서 '강한'이라는 단어의 헬라어 '에난티오스'는 '반대편' 혹은 '맞은편'이라는 의미를 내포하고 있어요. 즉 이 바람은 배가 가려는 방향과 정반대에서 불어오는 '맞바람'이었던 거예요.

예수님은 온몸으로 맞바람을 맞으며 육지에서 호수를 향해 걸어오셨어요. 이 방향은 지금 열두 제자들이 전진하려고 노를 젓는 방향과 일치해요. 여기서 예수님의 약간 이상한 행동이 포착돼요. 그렇게 역풍을 뚫고 물 위를 걸어 제자들에게 나아가시다 그들 곁을 지나가려고 하신 거예요(막 6:48). 언뜻 보면 제자들의 절박한 사정을 돌아보지 않고 그냥 지나가 버리신 것 같지만, 실상 그것은 예수님이 당신의 모습을 제자들에게 더 자세히 보여 주시려는 의도된 행동이었어요. 맞바람이 불어오는 쪽을 향해 있는 제자들의 시선으로는 뒤에서 걸어오시는 예수님을 미처 볼 수 없기에, 예수님이 그들 곁을 지나쳐 더 앞으로 나아가신 것이죠.

예수님을 믿으면 늘 평안하고 좋은 일들만 있을까요? 땡! 인생의 역경과 풍랑은 예수님을 믿는 자들에게는 전공 필수 과목 같아요. 신앙생활을 하다 보면 이 과정은 어김없이 찾아오죠. 그때 우리가 피하거나 낙망하지 않고 주님이 가라 하신 방향대로 부지런히 노를 저어가다 보면, 마침내 능히 이기시는 권능의 주님을 경험하게 돼요. 예수님이 내 인생에 침투해 들어오시는 순간, 그토록 무섭고 두려웠던 모든 바람이 순식간에 잦아지죠.

예수께서 제자들이 탄 배에 오르시자 바람이 잔잔해졌습니다 ^{막 6:51}

이처럼 예수님은 물 위를 걸으심으로써 우리가 소유하게 될 놀라운 권세를 미리 보여 주셨어요. 그 권세는 사망과 지옥의 수직적 중력을 이기신 예수님을 믿고 바라보는 자가 지옥의 권세를 벗어나 영원한 천국 백성이 되는 권세예요. 또한 거칠고 사나운 수평적 역풍을 이기신 예수님을 믿고 바라보는 자가 모든 역경을 이겨 내고 바람을 잔잔하게 하는 샬롬의 권세예요.

인간이 죄를 지은 후 "너는 흙이니 흙으로 돌아갈 것이다"(창 3:19)라는 하나님의 준엄한 선언에서 그 누구도 자유로울 수 없게 되었어요. 이런 우리를 향해 수직적 중력과 수평적 역풍을 거슬러 걸어오신 예수님의 수상보행은 세상에서 가장 아름다운 걸음일 거예요.

천국을 상상할 때마다 가장 먼저 떠오르는 장면이 무엇인가요? 많은 친구가 하늘을 자유롭게 날아다니는 모습을 말하더군요. 어쩌면 우리의 영적 DNA는 죄와 사망으로부터 자유로운 하늘나라를 진즉에 알고 있는 것이 아닐까요?

수상보행, 그거 실화냐?

마라강의 누우를
아시나요?

#케냐의_초원 #수르_광야 #나뭇가지

    현대자동차의 누우 엔진은 기존의 베타 엔진을 대체하기 위해서 독자 개발된 국내 엔진이에요. 2016년 세계 10대 엔진 중 하나로 선정되기도 했죠. 최초로 동물의 이름을 딴 누우 엔진이 추구한 강인함은 아마도 누우의 심장에서 차용한 것 같아요. "누우 누우~" 하고 운다고 해서 '누우'라고 불리는 이 동물의 생김새는 물소와 염소를 합친 것 같은 강인한 모습이지만, 사실은 매우 겁이 많고 나약한, 천상 초식 동물이에요.

불 가뭄이 내린 케냐의 한 초원, 바짝바짝 타들어 가고 있는 마라 강가에 갈비뼈가 등가죽을 찢고 나올 것처럼 앙상하게 말라붙은 누우들 수십만 떼가 멍하니 서 있어요. 세렝게티 평원에 건기가 찾아와 온 대지가 메마르면 누우들은 살기 위해 강을 건너야만 하죠. 새로운 초원을 찾아 떠나는 누우 떼는 거대한 먼지구름을 일으키며 그야말로 대장관을 연출해요.

그런데 누우 떼가 도착한 강둑 저편에는 그들을 노리는 악어 떼가 기다리고 있어요. 마라강은 누우들에게는 곧 삶과 죽음의 경계인 것이죠. 새로운 초원으로 가기 위해서 이 죽음의 강은 필연적인 통과의례예요.

강둑의 땅을 차기만 할 뿐 어떤 녀석도 선뜻 강으로 뛰어들지 못하는 그때, 무리 중 몇몇이 스스로 악어에게 몸을 던져요. 그리고 누우들은 최선을 다해 악어와 혈투를 벌여요. 나머지 무리들이 안전하게 강을 건널 수 있는 시간을 벌기 위해서 악어에게 살점을 물어뜯기는 고통을 더 길게 연장하려는 이 비장한 장면 앞에서 누가 누우를 한낱 짐승에 지나지 않다고 말할 수 있을까요?

물론 나는 알고 있다. 오직 운이 좋았던 덕택에
나는 그 많은 친구보다 오래 살아남았다.
그러나 지난밤 꿈속에서

친구들이 나에 대해서 이야기하는 소리가 들렸다.

"강한 자는 살아남는다."

그러자 나는 내 자신이 미워졌다.

독일의 극작가이자 시인인 베르톨트 브레히트의 "살아남은 자의 슬픔"이라는 시예요. 이 시는 살아남은 자들을 참으로 부끄럽게 해요. 운이 좋았을 수도 있고 강했기 때문일 수도 있지만, 분명한 것은 누군가의 희생을 대가로 한 생존은 참을 수 없는 슬픔과 부끄러움을 안겨 준다는 것이죠.

그 희생을 담보로 이 땅에 살아남은 자들은 3가지 선택의 기로에 서게 돼요. 이 시의 화자처럼 평생을 '자책의 회한'으로 보낼 것인가, 아니면 '감사의 기회'로 승화시킬 것인가, 아니면 아예 편안하게 '망각의 피안'으로 치워 버릴 것인가?

불 가뭄을 피해 새로운 초원을 찾아 떠난 누우들 앞에 케냐의 마라강이 펼쳐져 있듯이, 홍해를 건넌 이스라엘 백성 앞에는 광활한 수르 광야가 펼쳐져 있었어요. 수르 광야에서 그들은 3일 동안 물을 구할 수가 없었어요. 오로지 쓴 물만 있는 그곳 마라(Marah)에서 이스라엘 백성은 급기야 온갖 불평을 쏟아 내기 시작했어요. 모세가 그들을 바라보며 하나님께 할 수 있는 일이란 간절한 울부짖음뿐이었어요.

하나님은 모세에게 나뭇가지 하나를 보여 주셨고, 모세가 그 나뭇가지를 물에 던지자 놀랍게도 쓴 물이 단물로 변했어요. 마라는 하나님이 이스라엘을 위한 법도와 율례를 만들고 그들을 시험하신 장소였어요(출 15:22-25).

케냐의 마라강과 수르 광야의 마라, 공교롭게도 같은 이름의 지역에서 비슷한 상황이 펼쳐졌어요. 누군가 그 죽음의 물속으로 들어갔다는 것이죠. 동료들을 살리기 위해 본능적으로 마라강으로 뛰어들어 간 누우들처럼 수르 광야 마라의 쓴 물에 나뭇가지 하나가 들어갔어요.

그 쓰디쓴 죽음의 물을 다디단 생명의 물로 바꾼 나뭇가지는 바로 예수 그리스도를 상징해요. 저주를 받아 쓰디쓴 인생으로 살아가는 우리를 위해 하늘 보좌를 박차고 이 땅에 내려와 스스로 저주의 나무에 달리신 그리스도 예수 말이죠.

> 그리스도께서는 우리를 위해 저주를 받으시고 율법의 저주에서 우리를 구속해 주셨습니다. 기록되기를 "나무에 달린 사람마다 저주를 받았다"고 했기 때문입니다 갈 3:13

악어 떼를 바라보며 망연자실한 누우 떼 옆에서 과감하게 강둑을 박차고 날아오른 그 누우들은 알고 있었을까요? 수르 광야에 있던 마라의 쓴 물에 자신의 모든 것을 던진 나뭇가지의 마음을 말이에요.

버드나무가 품은
서서평과 원두우

#광주_양림동 #양화진 #언더우드 #사랑

갑자기 두통이 찾아오면 습관처럼 찾게 되는 약이 있어요. 바로 아스피린(Aspirin)이에요. 진통, 해열, 소염에 자주 쓰이는 아스피린은 본래 천연 의약품이었어요. 버드나무 껍질이 아스피린의 원료이지요. 1830년대에 버드나무 껍질에 있는 '살리실산'(salicylic acid)이라는 물질이 약효를 낸다는 점이 밝혀졌어요.

이처럼 버드나무가 가지고 있는 좋은 약효 때문인지 우리 조상들은 치아 관리도 버드나무로 했다고 해요. 칫솔과 치약이 없었던 당시에 버드나무 가지인 양지(楊枝)로 이를 닦고 관리했다니, 그 현명함에 감탄이 절로 나오네요. 지금도 쓰고 있는 '양치질'이란 단어도 버드나무(楊) 가지(枝)인 '양지질'에서 유래되었다는 사실을 아는 사람은 그리 많지 않아요. 양지라는 단어의 일본식 발음이 '요지'라니, 할아버지가 왜 식당에서 요지를 찾으시는지 이제 알겠죠?

주로 냇가나 하천가 근처에 서식하는 버드나무는 우리에게 매우 친숙한 나무라고 할 수 있어요. 그래서인지 꽤 오래전부터 버드나무를 마을 명칭으로 쓰고 있는 동네가 많아요.

광주광역시 남구 양림동(楊林洞)은 광주 근대화의 역사라 할 정도로 100여 년 전 서양 문물을 최초로 받아들인 마을이에요. 유진 벨 선교기념관, 우일선 선교사 사택, 수피아 여학교, 커티스 메모리얼 홀, 오웬 기념각, 선교 기념비 등 명실상부한 기독교 마을이자 기독교 성지(聖地)예요. 양림동은 우리의 마음속에서 부활한 아름다운 이름 하나를 도로명으로 품고 있어요. 바로 '서서평길'이에요.

엘리자베스 요한나 쉐핑(Elisabeth Johanna Shepping)은 자신의 이름 대신 '천천히 평온하게'라는 뜻인 서서평(徐平)을 이름으로 사용한 독일계 미국 여인이었어요. 그녀는 조선인들에게는 도무지 이해가 안 가는 푸른 눈의 여인이었죠. 아름다운 나라(美國)이자, 쌀이 많은 나라(米國)를 떠나 왜 이 가난과 아픔의 땅에 와서 평생토록 고아와 과부를 등에 업고 살다 갔는지 이해가 안 됐기 때문이지요.

버드나무가 품은 서서평과 원두우

이일학교(한일장신대학교 전신), 조선간호부회(대한간호협회 전신), 여전 도연합회 등을 창설해서 여성 운동과 간호 분야에 힘을 쓰며 사고무친(四顧無親)이었던 고아 14명을 자녀 삼았고, 과부 38명과 한집에 살았던 서서평 선교사님은 32세에 조선 땅에 와서 22년 동안 사역하다가 풍토병과 영양실조로 죽을 때까지 버려진 이들을 먹이고, 입히고, 교육했어요.

서서평 선교사님은 마지막에 자신의 몸을 의학용으로 기증할 정도로 조선에 모든 것을 다 주고 떠났어요. 그녀의 장례식은 광주 최초의 시민 사회장으로 치러졌고, 1,000여 명의 시민들이 통곡하며 슬픔을 함께했어요. 그녀가 기거했던 남루한 방에는 반쪽이 된 담요와 동전 일곱 전, 강냉이 두 홉이 전부였다고 해요.

무엇이 서서평 선교사님을 그렇게 살도록 했을까요? 아니, 왜 그녀는 그렇게 살았을까요? 양림동에 소재한 호남신학대학교 운동장 위쪽 양림산에는 서서평 선교사님과 같이 선교적 삶을 살다 간 23인의 선교사 묘지가 있어요. 버드나무 숲으로 덮여 있는 이 마을에 도대체 무슨 일이 있었기에 그들은 그 땅에 묻혀 있는 것일까요?

서울 마포구에도 예전부터 버드나무 꽃으로 유명한 나루터가 한 곳 있어요. 양화진(楊花津)이 바로 그곳이에요. 양화진에는 공동묘지가 있어요. 그곳에는 복음의 씨앗으로 이 땅에 헌신한 선교사님들이 안장되어 있어요. 그분들의 삶은 선교 200주년을 향해 나아가고 있는 한국 교회의 소중한 자산이자 밑거름으로, 우리에게 깊은 감동과 깨달음을 주어요. 동시에 양화진은 한민족의 지난(至難)했던 근대사를 반추해 볼 수 있는 사색의 공간이기도 하죠.

1885년 4월 5일 부활절에 아펜젤러 부부와 함께 한국 땅을 처음 밟은 최초의 장로교 선교사 언더우드의 한글 이름은 원두우(元杜尤)예요. 당시 언더우드 선교사님이 약혼녀와 조선에 함께 가는 문제를 두고 나눴다는 유명한 일화가 지금도 전해져요.

> 약혼녀: 그곳에서는 무얼 먹고 사나요?
> 언더우드: 모르겠소.
> 약혼녀: 병원은 있나요?
> 언더우드: 모르겠소.
> 약혼녀: 그럼 당신은 조선에 대해 아는 게 뭔가요?
> 언더우드: 내가 아는 것은 오로지 그곳에 주님을 모르는 1,000만
> 의 백성이 살고 있다는 것뿐이오.

안타깝게도 약혼녀의 동의를 얻지 못한 언더우드 선교사님은 파혼 통보를 받고 홀로 조선으로 향했어요. 본래 영미권의 선교사들이 주로 파견되던 인도로 건너가 목회 활동을 하려 했던 그는 당시 조선이라는 생소한 국가에 파견할 선교사가 없다는 소식을 듣고 조선으로 가기로 결심했어요.

조선을 위해 대대로 헌신한 언더우드 선교사님의 집안은 모두 4대

버드나무가 품은 서서평과 원두우

에 걸쳐 7인의 묘가 현재 양화진에 안치되어 있어요. 무엇이 언더우드 선교사님의 가문을 이런 삶으로 인도했을까요? 아니, 왜 그들은 그렇게 살았을까요? 언더우드(Underwood)란 이름은 '나무 아래서'라는 뜻이에요. 이 가문에게는 도대체 어떤 나무 아래서 무슨 일이 있었던 것일까요?

나무는 본래 조경이나 과실을 얻기 위한 목적으로 심고 재배하죠. 또한 주택이나 가구 등 어떤 물건을 만들기 위한 목재(木材) 나무(wood)도 있어요. 더 엄밀히 말하면, 본래의 목적을 다 이룬 나무(tree)는 결국에는 베어지고 토막이 나서 껍질이 다 벗겨져 다른 무엇이 되기 위해 또 다른 나무(wood)가 된다고 봐야지요.

요한복음에는 한 '나무 아래서' 예수님께 발견된 한 사람이 있어요. '하나님이 주셨다'라는 이름 뜻을 가진 나다나엘이 그 주인공이에요. 빌립의 소개로 예수님의 제자가 된 나다나엘은 처음에는 나사렛에서는 메시아가 나올 수 없다는 생각에 예수님을 의심했어요. 하지만 예수님의 권세 있는 말씀을 받아들이고 마침내 예수님을 '하나님의 아들이요, 이스라엘의 왕'으로 고백하고 예수님의 제자가 되었죠. 전승에 의하면, 후에 그는 인도와 아르메니아 지방에서 예수님을 전하다가 살갗이 벗겨지는 순교를 당했다고 해요.

나다나엘이 물었습니다. "어떻게 저를 아십니까?" 예수께서 대답하셨습니다. "빌립이 너를 부르기 전 네가 무화과나무 아래 있을 때에 내가 보았다." 그러자 나다나엘이 대답했습니다. "랍비여, 당신은 하나님의 아들이시며 이스라엘의 왕이십니다" ^{요 1:48-49}

유대인들에게 무화과나무 아래는 하나님과 교통하는 비밀스런 장소였어요. 당시의 경건한 유대인들은 높이가 5m, 가지가 8m로 사방으로 퍼져서 큰 그늘이 진 무화과나무 아래서 율법을 묵상하고 기도하곤 했기 때문이죠. 하나님의 말씀을 묵상하고 하나님의 음성에 귀 기울이는 최고의 자리가 바로 무화과나무 아래였어요.

그 무화과나무 아래에서 진리를 구하고, 찾고, 두드린 나다나엘에게 주님은 하늘이 열리고 하나님의 천사들이 예수님 위에서 오르락내리락하는 더 큰 일을 보여 주셨어요.

예수께서 그에게 말씀하셨습니다. "내가 무화과나무 아래 있던 너를 보았다고 해서 믿느냐? 이제 그보다 더 큰 일도 보게 될 것이다." 그리고 예수께서 덧붙여 말씀하셨습니다. "내가 진실로 진실로 너희에게 말한다. 너희는 하늘이 열리고 하나님의 천사들이 인자 위에서 오르락내리락하는 것을 보게 될 것이다" ^{요 1:50-51}

이렇듯 언더우드 선교사님도 나무 아래에서 예수님을 제대로 만난 사람이었어요. 그 옛날 나다나엘이 무화과나무 아래서 예수님께 발견되었듯이, 나무 아래서 예수님께 발견된 가문이었죠. 무참히 베어지고 토막이 나고 껍질이 벗겨진 채 갈보리 언덕에 섰던 그 나무 아래에서 말이죠. 그 나무 아래에서 주님을 만난 언더우드 선교사님은 자신의 인생을 조선에 헌신하기로 결심했어요. 그 나무 아래에서 만난 주님이 조선을 정말 사랑하신다는 것을 알았기 때문이죠.

종은 주인이 두려워서 따를 수 있고, 아들은 유산을 얻기 위해서 아버지를 따를 수 있어요. 두려워하는 사랑은 온전한 사랑이 아니며, 이익을 얻고자 하는 사랑도 순수한 사랑이 아니죠. 오로지 사랑 때문에 사랑해야 진정한 사랑이에요. 그래서 이렇게 말할 수 있어요.

"나는 사랑하기 때문에 사랑하며, 사랑하기 위해서 사랑한다."

"사랑은 사랑 외에 어떤 다른 이유로도 열매 맺지 않는다. 사랑은 사랑 자체가 목적이기 때문이다."

사랑이 뭘까요? 찾는 거예요. 사랑은 찾을 때까지 찾는 거예요. 찾아야 사랑이며, 찾아져야 사랑인 것이죠. 그 사랑은 불완전한 인간의 사랑과는 근본적으로 다른 사랑이에요. 아가서를 보면, 신부가 '내 마음 깊이 사랑하는 그분'을 찾기 위해 밤잠을 설치고 길거리로, 광장으로 나가요. 그토록 찾아도 보이지 않는 사랑하는 그분을 찾기 위해서 말이죠.

밤마다 나는 내 침상에서 내 마음 깊이 사랑하는 그분을 찾습니다. 그러나 그분을 찾을 수 없네요. 이제 일어나 길거리로, 광장으로 나가 봅니다. 내 마음 깊이 사랑하는 그분을 찾아봅니다. 하지만

그토록 그분을 찾아도 그는 보이지 않네요 ^{아 3:1-2}

주님은 무화과나무 아래에서 나다나엘을 찾으셨고, 서서평 선교사님을 찾으셨으며, 원두우 선교사님을 찾으셨어요. 그 사랑을 맛본 서서평과 원두우 선교사님은 또 찾으러 나섰어요. 배를 타고 20일이나 걸려서라도, 약혼녀에게 파혼을 당하고서라도 그들은 그렇게 사랑하는 사람을 찾아 나섰던 거예요. 그토록 찾아도 보이지 않는 영혼, 조선을 매우 또렷이 보았기에 말이죠.

주님이 찾으신 아름다운 사람들, 서서평과 원두우 선교사님은 지금 버드나무가 품고 있어요. 버드나무 숲(양림)과 버드나무 꽃(양화)이 아름다운 마을에서 그들은 지금도 수양버들같이 풍성한 주님의 사랑을 많은 사람에게 보여 주고 있답니다.

아버지의 서느런 옷자락

이른 봄날, 다른 어떤 나무보다 먼저 샛노란 꽃을 잔뜩 피우는 나무가 있어요. 바로 산수유나무이지요. 손톱 크기 남짓한 작은 꽃들이 옹기종기 모여 조그만 우산 모양을 만들면서 나뭇가지를 온통 뒤덮어요. 우리나라 어디에서나 수십, 수백 그루가 한데 어울려 꽃동산을 이루는 산수유나무의 모습은 새 생명이 움트는 봄날의 가장 아름다운 풍광 중 하나라고 할 수 있지요.

어두운 방 안엔 빠알간 숯불이 피고,
외로이 늙으신 할머니가 애처로이 잦아드는
어린 목숨을 지키고 계시었다
이윽고 눈 속을 아버지가 약을 가지고 돌아오시었다
아, 아버지가 눈을 헤치고 따 오신 그 붉은 산수유 열매…

서러운 서른 살 나의 이마에 불현듯

아버지의 서느런 옷자락을 느끼는 것은,

눈 속에 따 오신 산수유 붉은 알알이

아직도 내 혈액 속에 녹아 흐르는 까닭일까.

— 김종길, "성탄제"

가난한 아버지가 병든 자식을 위해 할 수 있는 일이란 겨우 붉은 산수유 열매를 따다 주는 것밖에는 없었어요. 이 시는 이처럼 슬픈 현실을 아련한 추억으로 따뜻하게 처리했지요.

그런데 이 시를 자세히 읽어 보면 그리스도의 희생적 삶과 작가가 체험한 유년 시절의 부성애가 각자 비슷한 무게의 등가물로 형상화되어 있다는 것을 알 수 있어요. 뿐만 아니라 '펄펄 끓는 아이의 이마'와 '아버지의 서느런 옷자락'이 절묘한 촉각적 대비를 이루면서 자식을 위해 추운 날 밖에서 고생한 아버지를 잘 그려 내었어요. 대부분의 우리네 아버지들은 자신의 식솔들의 안위와 행복을 위해서 기꺼이 밖으로 열심히 뛰어다니며 서느런 옷자락을 자초하지요.

저는 어릴 적 아버지의 당당한 뒷모습을 쳐다보는 것만으로도 '나의 영웅'을 굳이 TV나 만화에서 찾을 필요가 없었어요. 언제나 나를 지켜 주고, 나의 어떤 필요도 기꺼이 채워 주는 전지전능한 존재가 아버지였으니까 말이에요. 사실 이것은 나만의 이야기는 아닐 거예요. 이 세상의 모든 아버지는 모든 아들 생애 최초의 우상이니까요.

아버지의 서느런 옷자락

더욱이 시인의 아버지처럼 자식에게 희생적 모티브를 강렬하게 각인 시켰다면, 생애 마지막 우상도 가능하겠죠.

초등학교 5학년 때로 기억해요. 장남에게 거는 기대가 유난히 컸던 아버지는 학교 시험 결과에 유독 민감했어요. 아연실색할 수밖에 없는 일방적 통보는 다름 아닌 '시험 한 문제 틀리는 데 종아리 10대'라는 청천벽력이었어요. 채점 결과, 11문제가 오답이었어요. 방문을 걸어 잠근 상태에서 나무 빗자루 손잡이로 무려 110대의 매질을 고스란히 당한 그날 밤, 저는 아픔과 억울함으로 좀처럼 잠을 이룰 수가 없었어요.

울음과 눈물이 범벅이 되어 가까스로 잠이 든 순간이었어요. 매질을 당해 터져 버린 종아리 한쪽에 갑자기 차가운 기운을 느꼈어요. 직감적으로 아버지의 손길임을 알아챘지만 눈을 뜰 수가 없었어요. 이내 따끔따끔한 무언가가 종아리 전체를 뒤덮었고, 골똘히 어떤 생각에 잠기다 잠이 들고 말았어요. 아침에 눈을 떠 보니 방구석 한쪽에서 동그란 연두색 연고 안티푸라민이 발견되었어요. 그것은 시인이 기억하는 '나만의 붉은 산수유 열매'였답니다.

할머니로부터 아버지의 외도 사실을 들었던 중학교 2학년 시절, 저의 아버지 영웅 신화는 산산조각 나 버렸어요. 믿고 의지했던 만큼 아버지에 대한 증오와 분노가 그 자리를 대신했어요. 할머니는 매일 거친 욕을 한 바가지 쏟아 냈고, 어머니는 가족을 건사하러 밤늦게까지 통닭을 튀겨야 했으며, 여동생들은 말수가 사라지면서 세상과 담을 쌓기 시작했어요.

남부러울 것 없었던 스위트 홈을 풍비박산으로 몰고 간 장본인은 더 이상 영웅도, 아버지도 아니었어요. 그저 내 손에 처단되어야 할 '적'(敵)에 불과했지요. 한 가정의 가장을 유혹한 그 여자도, 그 사이에서 태어나지 말았어야 할 그 아이도 모두 내 복수 리스트에 올라 있었어요. 모두에게 처절한 복수를 다짐하며 내게 힘이 더 생기기를 기다리고 또 기다렸던 저의 청소년기는 생각만 해도 끔찍해요.

참 빛 곧 세상에 와서 각 사람에게 비추는 빛이 있었나니

요 1:9, 개역개정

늘 복수와 죽음을 되뇌며 어둠에 갇혀 있던 그 시기에 빛으로 다가오신 한 분께 저는 온전히 점령당했어요. 정말 신기했어요. 빛 되신 그분 안에 있으면 어둠이 빛보다 더 빨리 사라졌고, 세상이 느리게 다시 제게 다가왔어요. 따뜻한 교회가 가정을 대체해 주었고, 서툴지만 사랑이라는 것도 조금씩 배워 갈 수 있었어요.

내 힘으로 도저히 할 수 없을 것만 같았던 용서도 위에(Up) 계신 그분께 나의 모든 힘과 권리를 던져 버리자(Give) 그분이 나를 위해(For) 결국 한 마음을 주셨어요(Give). '포기하다'(give up)라는 단어와 '용서하다'(Forgive)라는 단어의 어원을 정확히는 모르겠으나, 빛으로 오신 그분은 당신의 은혜로 온전히 저를 덮어 버리셨어요.

교회에서 한 자매를 만나 평생을 함께 걸어가는 아내로 맞이했고, 그 사이에서 네 아이를 낳았어요. 첫째 딸은 자연분만으로, 세 아들은 가슴분만(입양)으로 얻었어요.

제가 아버지에게 장남이듯 제게도 장남이 있어요. 우리 장남 은택이는 생모가 십대 미혼모예요. 태교는커녕 친부모로부터 생명의 위협까지 받은 은택이는 태어난 것만으로도 기적인 아이예요. 차남 은찬이, 삼남 은준이도 각각 처절한 사연을 안고 태어났고, 그 아이들 또한 친부모에게는 각각 장남이었을 거예요.

태어나자마자 친부모에게서 분리된 이 아이들은 참 불쌍해요. 하지만 나 자신은 어떠한가요? 제 아비를 죽이려 한 패륜아보다 불쌍한 인생이 어디 또 있을까요?

그런데 어찌 된 일인가요? 한때 3명의 원수를 처단하려 했던 그 두 팔로 지금은 3명의 아들들을 안고 있어요. 매일 증오를 품었던 그 가슴으로 지금은 아이들을 품고 있어요. 매일같이 복수를 뇌까렸던 그 두 입술로 지금은 아이들과 동요를 부르고 있어요.

이 일이 어떻게 가능할 수 있을까요? 아무리 생각해 보아도 한 가지 생각밖에 들지 않아요. 그 옛날 갈보리 언덕까지 나무 형틀을 메고 올라간 한 유대인의 서느런 옷자락이에요. 그 옷자락을 만져 가며 함께 따라가는 수많은 군중 사이로 제 얼굴이 스쳐 지나가요. 빛이신 그분은 그런 저를 위해 결국 그 나무 형틀에 매달리셨어요.

가지마다 줄줄이 매달려 있는 산수유 붉은 열매와 그 사이로 올려다보는 파란 하늘은 눈이 시리게 맑아요. 구름 한 조각이라도 걸려 있다면 그야말로 환상일 텐데요. 눈을 감고 아이들과 산수유 열매를 엄지와 검지로 살살 간질이는 놀이가 소중한 까닭은 제 두 아버지를 추억하는 가장 행복한 시간이기 때문일 거예요.

산수유 가지를 청진기 삼아 아버지 가슴에 살포시 대어 보아요. 연약하고 얄팍해진 가슴골 사이에서 여전히 뛰고 있는 부정(父情)의 심장 소리가 들려요. 산수유를 만드신 하늘 아버지의 가슴에도 청진기를 대어 보아요. 세상을 향해 요동치는 우렁찬 심장 소리가 선명하게 들려요. 그 심장 소리는 곧 마음의 소리에요(Heart is heart).

산수유보다 강렬하고 선연한 그 핏빛 사랑의 소리를 듣고 있자니 나도 모르는 확신이 차올라요. 진실한 마음으로 그 분께 더 가까이 나아갈 수 있는 확신(full assurance of faith) 말이지요.

Let us draw near to God with a sincere heart in full assurance of faith 참 마음과 온전한 믿음으로 하나님께 나아가자, 히 10:22

버드나무가 품은 서서평과 원두우